講談社文庫

イギリス　花の庭

広田靚子

講談社

contents

●写真・広田尚敬　●ブックデザイン・鈴木正道

はじめに——イギリスの庭に学ぶ

　イングリッシュガーデンには、人の心をとらえて離さないロマンティックな魅力があります。この素晴らしさに魅せられて、日本でもガーデニングを楽しむ人々が何と多くなったことでしょう。私もその一人で、一九八五年にハーブの勉強のためイギリスを訪れて以来、歴史の風雪をくぐり抜けてきた数多くの庭と、上流階級から市民に至るまで庭造りにかける情熱の強さにすっかり心を奪われてしまいました。その後何度となく渡英しては、庭園のデザインやセンス、技術などを学んでいます。

　ところで、今や気軽に使うようになったイングリッシュガーデンという言葉ですが、いったいどのような庭なのでしょうか。詳しくは、のちほど事例を挙げながら解説いたしますが、これには二通りの定義があります。

　一つは、英国庭園史の中に位置づけられる本来の意味で、一八世紀に流行した〝風景式庭園《ランドスケープガーデン》〟を指します。一六～一七世紀までの王侯貴族の庭は、イタリアやフランスを模倣した幾何学模様の〝整形式庭園《フォーマルガーデン》〟が主でしたが、ようやく英国独自の絵画的な庭が生まれたのです。なだらかな丘に森や池を作り、廃墟や洞窟を配した壮大な庭園は一世を風靡《ふうび》し、イングリッシュガーデンと呼ばれました。

もう一方は、現在私たちがあこがれているパステルカラーの花々が咲き乱れるロマンティックな〝田舎家風庭園《コテイジガーデン》〟のスタイルです。

これは一九世紀女流園芸家の偉大なパイオニア、ガートルード・ジェークルの影響を受けたもので、「サッチ」と呼ばれるわら屋根などのこぢんまりした家を囲むように、果樹や芳香花木などと、草花や球根、ハーブに野菜を植え込んだ優しい色調の庭といえましょう。今一般的にイングリッシュガーデンといえば、このように自然と調和し暮しに根ざした心和むナチュラルな雰囲気の庭を指しているようです。

イギリスでは、何百年も続いている貴族の館に住む侯爵夫人から、名のある女流園芸家、馬小屋に住む若いカップルまで、実にさまざまな庭を訪ねました。子育てを終えてからガーデンデザインを学び、自分の庭を英国で最も美しい庭の一つに育て上げたばかりか、チャールズ皇太子の園芸指南役にまでなった主婦。荒れ果てた庭園を夫と修復し、虹の色の花を咲かせたカナダ人の新進女流園芸家。そして、古い農家を改造しながら、庭も同時進行で作り続ける家族や、フラットの裏庭の半分だけを借りている夫妻、廃材や身近な道具でユニークな庭をつくる女流陶芸家などなど、バラエティに富んだ庭が懐かしく思い出されてきます。

興味深いことに、私の心に残る庭の多くは女性の手になるものでした。なぜでしょうか。庭は眺めて楽しむだけでなく、生活の場である家と緊密なつながりを持っています。家庭を預かる者の細やかな配慮がデザインに活かされ、女性に備わっている慈しむ心、育み守る力が、庭造りや維持管理などにも活かされているからだと思います。さらに、こうした女性たちに共通していることは、それぞれ庭に対して自分なりのテーマやコンセプトを持ち、そこからスタートしていることでした。

彼女たちはまず、庭に使えるスペースを確認し、参考書で調べたり、見学などを重ねながら、庭のイメージを時間をかけて設定します。また目標達成のために、庭仕事に費やせる時間や金額なども考えて、五年、一〇年などのように無理のない計画を立てます。つまり、規模の大小とか流行に関係なく、庭作りは自分のアイディアを庭で表現したオリジナルなプランというわけなのです。まさしくイギリス人にとって、ガーデニングは人生の一部ではないでしょうか。

イギリス人が愛してやまない花、イギリスの庭に欠かせない花、それはばらです。六月中旬のばらの季節ともなると、さまざまな種類のばらが競って咲き始め、あちこちから甘い香りが漂い出します。セントオーバンスに本部がある英国王立ばら協会は一八六七年に創立されましたが、世界中のばら愛好家のメッカとして訪れる人が絶えません。ばらの名前を数多く知ることは、教養の深さを表すとか……。

今、私たちの住環境もライフスタイルも、日を追うごとに西洋化されています。当然、従来の和風の庭はそぐわないことはわかりますが、かといってすぐに英国風の庭のもの真似はどうでしょうか。気候風土が異なるばかりか、日本には高温多湿の梅雨や台風があり、亜熱帯から寒帯まで含む国だからです。

横浜市の高台にある私の庭は、手作りのコテイジガーデン・スタイルで、最近ようやく庭らしくなってきました。思い返してみると、夢の庭への第一歩として、ガスも電気も水道も無い雑木林の斜面を手に入れたのが一九七一年。それから一七年かけて念願の家が建ち、庭造りを始めて一四年の月日が流れました。ざっと足掛け三一年になりますが、長年の経験で得た究極のポイントは、適材適所。

土作りは有機質を多めに混ぜ、植物の原産地を調べて土の酸度を調節すればいいきいきと元気に育ちます。植物を選ぶのも、八三ページのマージェリー・フィッシュが提唱するように、植え場所に植物を合わせればいいのです。こうした栽培上の問題と同様に肝心な点は、ガーデンデザインと庭の色づかい、すなわち色彩計画《カラースキム》ではないでしょうか。そのほか英国流のさまざまな園芸事情や具体例も盛りこみました。

この本があなたの庭作りのヒントになれば、こんなに嬉しいことはありません。

イギリス 花の庭

イギリス 花の庭

広田靚子

ばらの国、英国

国花にばらの花をいただくイギリスは、ばら愛好家の数も世界一といわれます。野生のばらと16世紀以降に伝わった外国のばらは、品種改良と深い愛情により、数々の名花を生んできました。

愛らしい野ばらの*Sweet briar*《スイートブライヤー》の花。葉にさわやかなりんごの香りがあり、*Eglantine*《エグランタイン》の名で、シェークスピアの『真夏の夜の夢』に登場している。

森のはずれにブルーベルの花がまだ少し残る五月中旬、チェルシー・フラワーショーでは、毎年趣向を凝らしたばらの展示が話題をさらいます。催しが終わると、風が光り、緑の風がそよぐ初夏の到来。

さぁ、いよいよばらのシーズンの始まりです。

お城や公園、マナーハウス（荘園領主の邸宅）のローズガーデンはもとより、家々の庭や垣根にも、こぼれるほどに花をつけたばらが咲き競います。わらぶきのコテイジ（田舎家）の壁を飾るつるばらは、ヴィクトリア朝の絵のよう。牧場や道端にまで可憐なワイルドローズが花を開き、どこへ行っても色とりどりのばらが甘い香りを漂わせています。

この国にばらが渡来したのは、ローマ帝国の支配下にあって属州のブリタニアとよばれていた紀元一世紀頃だそうです。おそらく、フェンネルなどのハーブとともに、ローマ軍の兵士たちによって伝えられたのではないでしょうか。一九六一年にサセックス州のフィッシュボーンで、ローマ領時代のヴィラ（別荘）が発掘されました。庭園は一世紀頃のイタリア式で、調査によるとぶどうやばらのパーゴラ（つる性植物をからませた棚状の日よけ）仕立てもあったそうです。同じ頃にローマを治めていた皇帝はあの暴君ネロ。意外にも彼の大のお気に入りはばらだったとか。

それにしても、イギリスへ伝わったといわれる「ローマのばら」とは、いったいどんな花だったのでしょう、思いを馳せるとロマンは尽きません。

多くの人々から愛されているばらは、イングランドの国花として知られていますが、その起源となったのが一五世紀後半の「ばら戦争」でした。シェークスピアの『ヘンリー六世』にも描かれているように、王位継承権を巡って、ともにプランタジネット家の血をひくヨーク家とランカスター家が、白ばらと赤いばらをシンボルとし、三〇年間戦ったのです。ボズワース平原の戦いでリチャード三世を倒し、勝利をおさめたのは、ランカスター家のヘンリー・チューダーでした。ヘンリー七世として即位した彼は、ヨーク家の娘、エリザベスと結婚し、ようやく平和が戻ります。

興味深いことに、チューダー王朝の紋章は、赤と白のばらを組み合わせた、チューダーローズと呼ばれるデザインです。また、赤と白が混じったばらには、*York*《ヨーク》 *and*《アンド》 *Lancaster*《ランカスター》の名がつけられました。これらのエピソードは、イギリスの人々とばらの花のかかわりの深さを物語っているようです。

六月中旬からおよそ一ヵ月がばらの季節。イギリス各地のイングリッシュガーデンが一年中で最も美しく輝く季節です。

ロマンティックなばらや原種を集めた

ピーター・ビールズばら園

「少年の日、私はばらに恋してしまった……」

遠い日を懐かしむように、ばら研究家への動機について、ピーター・ビールズ（Peter Beales）氏はこう語ります。

ケンブリッジから北東へ約七〇キロ、北海に程近いノーフォーク州アットルボロウにある彼のナーセリー（植木や苗を育てて販売している農園）は、ちょうど花ざかりでした。このピーター・ビールズばら園（Peter Beales Roses）は、世界中から集めた数多くの原種のばらと、オールドローズのコレクションで知られています。

実は、私の庭に咲く約八〇種のばらの多くは、数年前にここへ注文したのですが、なんと元気で立派な大苗だったことでしょう。そればかりでなく、良心的な価格、きちんとした送り状、ていねいな発送、詳しいカタログに感心し、ぜひ訪ねてみたいとつねづね思っていました。

ナーセリーのばらのアーチをくぐると甘い芳香が漂ってきます。パーゴラやしだ

上　夢の花園へ誘い込まれるような花ざかりのばら。桃色のばらはグラウンドカバーに適した*Pink Bells*。白いばらはつる性の*Bobbie James*。
下　ばらの栽培家、作出家として有名なピーター・ビールズ氏をノーフォーク州のばら園に訪ねた筆者。植物に寄せる優しい眼差しが、心に残った。

れるようなウィーピングスタンダード（つるばらの立木作り）仕立て、木に絡ませたつるばら、数本をまとめてブッシュ状に植えた花壇など、花のサンプルとさまざまな仕立て方が手にとるようにわかります。子供連れの家族やお年寄りたちも花に顔を近づけて、心から楽しそう……。

「ばらの作出ではフランスが先駆けていましたが、ヴィクトリア女王の文化が繁栄した一九世紀には、数多くのばらがイギリスで誕生しました。私の農園では、ヴィクトリア期のロマンティックなばらや原種を集め、楽しみを分かち合っているのですよ」

彼が、チームと呼ぶ従業員たちは、そろいのトレーナーできびきびと立ち働き、来園者の園芸相談や品種選びに、経験と知識を惜しみなく注いでいます。世界で最も権威のあるチェルシー・フラワーショーで連続三回の金賞に輝いたのも、彼のばらへの愛情とチームの支えがあってのことでしょう。

一九九六年の同じショーで、彼はやさしく廃屋を抱くように咲くつるばらのデザインにより、金賞を獲得し、エリザベス女王からお言葉をたまわっています。

彼の表情は、はにかんだ少年のようでした。

世界中のロザリアンがばらの聖地と仰ぐ
モティスフォント・アビー

ばらの愛好家をロザリアン（Rosarian）といいます。

今、世界中のロザリアンが聖地と仰いでいるのが、ハンプシャーにあるモティスフォント大修道院《アビー》（Mottisfont Abbey）のローズガーデンではないでしょうか。一二世紀の由緒ある建物と広大な敷地は、現在ナショナルトラスト（National Trust）が所有していますが、一九七二年に、オールドローズと原種のばらをコレクションした、世にも美しいばら園ができました。古い壁に囲まれた入り口をくぐると、そこは絵の中に入り込んだような夢の花園……。ボックス（西洋つげ）で縁取られた区画の中や、壁や池のほとり、パーゴラやアーチにも、自然な感じに仕立てられたオールドファッションのばらが咲き乱れます。

一九八七年に、奥まった位置に併設した三角形のばら園もみごとで、花の香りに酔ううちに、時のたつのを忘れてしまいそう。

このローズガーデンの魅力は、絶滅寸前で散逸しかけていた古典的なばらを集め

上　モティスフォント・アビーのばら園はたそがれどきがとりわけすばらしい。壁に囲まれた庭に咲くばらとハーブの香りがとけ合った濃厚なアロマが漂っている。右手前はパープルセイジの花。ハンプシャーにて。

右上　こんもりと仕立てた*Rose-Marie*《ローズマリー》 *Viaud*《ヴィオー》。濃いピンクの花弁が、しだいにパープルからシックな赤紫に変化する、つるばら。

右下　まるでマザーグースの絵本から抜け出してきたような双子の兄妹。服装もばら園の雰囲気にぴったりで、母親のセンスがしのばれる。

て、系統的に植えた教育的な点と、卓越したデザイン、植栽プランニングのすばらしさにあります。それもそのはず、これらのすべてを担当したのは、有名な園芸家で、ロザリアンとしても知られるグラハム・トーマス氏でした。

グラハム・トーマスの名前を目にして、おや、どこかで聞いたことがあると思った方はいませんか。そうです。くすみの無い黄色の花弁が、まるで極上の絹を幾重にも折りたたんだように見える、中輪のイングリッシュローズの名前です（三一ページ参照）。このばらはカップ咲き（丸みのある杯状の花形）の花が次々と咲いて庭を明るく彩るうえに、上品な芳香も素晴らしく、イギリス人の庭で必ず見かけるといってよいほど人気の高い品種です。ばらの研究に、そしてこのモティスフォント・アビーのローズガーデンに貢献した彼こそ、一九八三年にデヴィッド・オースチンが作出したこの名花にふさわしい名前ではないでしょうか。

さすがだと思ったのは、植物を組み合わせて植えることによって互いに元気づけたり、病害虫を防いだりする共栄植物《コンパニオン・プランツ》を巧みに使っていることです。またばらを引き立てるブルー系の花や、銀色の葉をもつハーブや草花、灌木などを用いているため、ばらの花が少ない季節でも庭が寂しくありません。ばらの開花期間中は夜の八時が閉園時間。いつまでも暮れない夏の宵、花の香気に人々は幸せそうでした。

ばらの歴史

ばらの歴史は信じられないほど古く、北アメリカの北部で、今から七〇〇〇万年も前の花の化石が発見されているそうです。またエジプトでは七〇〇〇年以前の遺跡からばらの花輪が見つかり、古代ギリシアのホメロスの叙事詩でもばらが賛美されています。クレオパトラや暴君ネロにも愛されたばら。当時の種類は定かではありませんが、主として薬用や儀式の装飾、香油などに使われていたと思われます。

歴史の波は、ローマ帝国の崩壊とゲルマン民族の大移動、サラセン帝国の成立、十字軍の遠征と、次々にヨーロッパ大陸を塗り替えていきます。おそらく、こうした出来事とともにばらも各地に運ばれていったのでしょう。その主なものは、中近東を原産地とするダマスク系（芳香性でピンクの花）、アルバ系（白い花）、ガリカ系（大輪の赤い花）、ケンティフォリア系（花弁の多い八重咲き）のばらで、この四大ばらが現代ばらの祖先といわれています。

一八世紀に中国から伝わった四季咲き性のばらは、西洋ばらと交配されて、それまで一季咲きしかなかったばらの世界を一新しました。芳香が強く、花弁が多い大輪の四季咲き性ばらが生まれたのです。こうしたばらの品種改良に力を注ぎ、援助を惜しまなかったのが、ナポレオン后妃のジョゼフィーヌでした。ローズという洗礼名をもつ彼女は、一八〇一年にパリ郊外のマルメゾンに一八〇〇ヘクタールのばら園をつくり、当時のばら二五〇〇種をコレクションしています。

デュポンの、初の人工交配による新品種作りを奨励し、支援したのも、この「ばらの皇后」でした。ジョゼフィーヌがルドゥテに描かせたばらの絵は、一九世紀初頭の貴重な資料として評価されています。

その後、ペルシアの原種が黄色いばらを生み、日本から伝わった原種は、房咲きやつるばらの親となりました。数々の交配により、一八六七年に*La France*《ラ・フランス》という最初の現代ばら、いわゆるモダンローズが誕生しますが、一般的にそれ以前のばらをオールドローズと呼んでいます。

けれども、作出された年代だけでオールドかモダンかを決めることは、かなり難しいものです。なぜなら年代的に見てモダンローズでも、複雑な系統をもつ先祖の遺伝子の影響でオールドローズに近いものや、交雑種が生まれたりするからです。

両者の特徴を大まかに整理してみると、オールドローズは、①花の形は古典的で雰囲気がある　②強い芳香　③病害虫に強い　④一季咲き　⑤花色は白から深紅まで。

上　ばら戦争の記章となった、ランカスター家の赤いばらは、*Rosa*《ロサ》 *gallica*《ガリカ》 *Officinalis*《オフィキナリス》。古代から薬効が利用されてきた。
中　ヨーク家の白ばらの *Alba*《アルバ》 *Maxima*《マキシマ》。Jacobite Rose《ジャコバイトローズ》ともいわれる。王位継承権を巡り、30年にわたった戦いは、両家の結婚という形で平和を迎える。
下　*York*《ヨーク》 *and*《アンド》 *Lancaster*《ランカスター》は、この故事にならって命名された。赤と白が入り混じったダマスク系のばらで半八重。２色の割合や花弁の数にも変化が多い。

モダンローズも数多くの系統があるので一概にはいえませんが、一般的にいって、①高芯剣弁咲きの花の形が代表的　②香りは淡い　③病害虫に弱い　④四季咲き　⑤花色が豊富で黄色や橙、紫系もある。

四季咲き性があり、花色も豊富になったモダンローズはイギリスやドイツ、フランスなどで品種改良の研究と開発が進み、二〇世紀に全盛期を迎えました。日本でもばらの愛好家が増えて、素晴らしい作出家も誕生しています。

その一方で、個性豊かでノスタルジックなオールドローズの魅力を再認識し、ばらの歴史を見なおす気運も高まってきました。

また、一九七〇年代にはイギリスのデヴィッド・オースチンによって、イングリッシュローズという画期的なばらが作出されました。これはオールドローズとモダンローズの長所を交配によって活かした素晴らしいばらで、すなわち、①花の形は古典的で雰囲気がある　②強い芳香　③病害虫にかなり強い　④四季咲き　⑤花色が豊富、といいこと尽くめです。そのうえ、育てやすく丈夫なので、毎年発表される新品種を心待ちにしているファンがふえています。

今、多くの人々が待ち望んでいるのが「青いばら」。西洋では「不可能」を意味する代名詞でしたが、青いばらが咲く日は意外に近いかも知れません。

上　香りのよい*Old*《オールド》 *Blush*《ブラッシュ》は、18世紀に中国からイギリスに渡り、四季咲きばらの交配親として品種改良に大いに貢献した。中国では長春花、日本では庚申ばらと呼ばれている。

中　*Austrian*《オーストリアン》 *Copper*《カッパー》。トルコ、中央アジア原産で、花弁の表が朱赤、裏が濃い黄色。

下　日本から19世紀にヨーロッパへ渡った、はまなすの*Rosa*《ロサ》 *rugosa*《ルゴサ》は、ティーローズ（中国ばらの交配種）などと交配され、多くの園芸品種が生まれている。

上　*Blush*《ブラッシュ》 *Damask*《ダマスク》は非常に香りのよい、昔から知られる品種。
中　大輪の*Shailer's*《シェイラーズ》 *White*《ホワイト》 *Moss*《モス》も強い芳香が特徴。コモンモスの突然変異のため、ピンクに先祖返りすることもある。
下　ロマンティックな*Félicité*《フェリシテ》 *Parmentier*《パルマンティエ》は、アルバ系ばらの有名な品種で、香りが高い。フランスで1834年にすでに栽培されており、開花とともに花弁が内側に反り返るのが特徴。

上　苔のように見えるやわらかなとげが萼や花托に生えているので、モスローズと呼ばれるグループがある。*Common*《コモン》 *Moss*《モス》はこの代表格のばらで、開花期間が比較的長く、芳香が強いことで有名。

中　華麗な深紅色の*Charles*《シャルル》 *de*《ドゥ》 *Mills*《ミル》は、花径が12cmもあるガリカ系のばらで、しだいに青紫がかった色に変化する。

下　繊細で美しい縞模様のある*Village*《ビレッジ》 *Maid*《メイド》。ただし雨に弱い。

上　ナポレオン皇妃のジョゼフィーヌが愛した、マルメゾンのばら園をしのんで命名された、*Souvenir*《スヴニール》 *de la*《ドゥラ》 *Malmaison*《マルメゾン》。デリケートな花色とスパイシーな芳香の1843年作の名花で、四季咲き性のブルボンローズ系。
下　グラウンドカバーや花壇にも適した*White*《ホワイト》 *Pet*《ペット》は、高さ60cmほどの矮性種。1879年アメリカで作出。ポンポン状の小輪房咲きが愛らしく、香りもよい。

上　黄色を帯びた白にライラックピンクが魅力的な*Princess*《プリンセス》 *Louis*《ルィーズ》。八重咲きのつるばらで、1829年にフランスで作出。パーゴラ仕立てにすると、常緑の葉の間から花房が垂れて美しい。
下　いくつかある縞模様のばらの中でも、とりわけピンクと赤紫のストライプがすばらしい、*Ferdinand*《フェルディナン》 *Pichard*《ピシャール》。ハイブリッド・パーペチュアル系のばらで、秋に返り咲く。1921年作出。

上　Lykkefund《リッケフント》はデンマークのオルセンが1930年に作ったつるばら。ピンクがかった淡黄色の小花を無数につける。とげのない枝は4〜5mにも伸びるので、樹木などにからませると、みごと。
下　優雅な香りと豪華な絹のような花弁のJacques《ジャック》 Cartier《カルティエ》は、ポートランド系（中国ばらとダマスクローズの交配種）の有名なばら。大輪のロゼット咲きで、英国では花期が長い。

上　1983年に作出されたイングリッシュローズ系の代表的な名花、*Graham*《グラハム》 *Thomas*《トーマス》。純粋な黄色はまれにみる美しさで、強いティー（紅茶）の芳香がある。有名なばら研究家のグラハム・トーマス氏にちなんで命名された。中輪カップ咲きの強健種。
中　グラハムトーマスと同系統の*Mary*《メアリー》 *Rose*《ローズ》もみごとな大輪の八重咲き種。よく茂って次々と長期間咲き、耐病性が強い。
下　現代ばらの主流は、多彩な色調と四季咲き性のハイブリッド・ティーローズ系で、数えきれないほどの品種が作出されている。なかでも有名な*Peace*《ピース》は、1945年にフランシス・メイヤンが平和を願って命名した巨大輪ばら。今も人々に愛されている。この*Maria*《マリア》 *Callas*《カラス》はピースの血をひく大輪のばらで、*Miss*《ミス》 *All*《オール》 *American*《アメリカン》 *Beauty*《ビューティ》の別名でも知られる。1965年メイヤン作。

Column

原種の魅力

Rosa《ロサ》 *moyesii*《モエシー》 'Geranium'《グラニウム》

豪華で大輪のばらや鮮やかな色彩のばらもよいが、イギリスでは今、原種やその交配種の魅力が高く評価され、ガーデンローズとして多くの庭を彩っている。

品種登録されている栽培ばらの数は約二万を越すそうだが、原種のばらの数は約二〇〇といわれている。そのほとんどは中国西部とヒマラヤ山麓に分布する野生種で、日本にはノイバラ(*R. multiflora*)、テリハノイバラ(*R. wichuraiana*)などを含めて一四種の原種があり、ヨーロッパに渡って房咲きやつるばらなどの品種改良に貢献している。

多くの人々が原種のばらに心惹かれる理由は、園芸品種にはない可憐な花の風情、変化に富む葉色、秋に実る鈴なりのローズヒップなどの特徴に加えて、病害虫に強いという長所の存在も大きい。たとえば、小さな五弁のピンクの花に、ユニークなくすんだ赤紫色の葉が美しい*Rosa*《ロサ》 *glauca*《グラウカ》や、鮮やかに紅葉する照り葉の*Rosa*《ロサ》 *nitida*《ニチダ》は、庭の華やかなアクセントになる。愛らしいヒップ(果実)もよく実り、*Rosa*《ロサ》 *davidii*《ダヴィディ》は朱赤色の釣鐘形、*Rosa*《ロサ》 *pimpinellifolia*《ピンピネリフォリア》は暗赤色の丸い実をつける。生け垣や修景用におすすめしたい園芸素材だ。

ちなみに、ばらの属名はラテン語で*Rosa*(ロサ)といい、語源はケルト語のrhod(赤い色の意味)に由来している。

学名は属名と種名から成り立ち、たとえば先述のノイバラの場合、*Rosa*(あるいは頭文字のRで表記)は属名、*multiflora*は種名で無数の花を意味している。また、ばらの名前が*Rosa*から始まれば原種、'Peace'のように' 'でくくってあれば園芸品種なので、参考書の索引で調べたりカタログリストで注文するときなどに覚えておくと、役に立つ。

なお、英語では原種をSpecies、亜種をSubspecies、原種間交雑種をHybrid Speciesという。これらのばらは約六〇〇種あるそうだが、それぞれが現代ばらのルーツとなっていることを考えると、さらに興味深いものがある。

イングリッシュガーデンとは

ひと口にイングリッシュガーデンといっても、歴史の中でさまざまな様式に姿を変えてきました。イギリス各地に残る名園を訪ねガーデンデザインのポイントと歴史的な背景をご紹介しましょう。

第一義のイングリッシュガーデンは広大な風景式庭園だが、今ではこのようなコティジに似合うロマンチックな庭のイメージが愛されている。

英国庭園の歴史を駆け足でたどってみると、ブリタニアとしてローマ帝国の支配下にあった五世紀までは、ローマ風の庭《ローマンガーデン》が各地につくられました。しかしローマ軍の撤退後は、修道院の庭《モナストリーガーデン》に野菜やハーブなどが植えられ、一〇六六年にノルマン人に征服されてからは、草花や野菜、ハーブや果樹を植えた素朴な中世の庭《メディヴァルガーデン》の時代が続きます。

一四八五年にばら戦争が終わり、一七世紀初頭まで続くチューダー王朝に入ると、イタリアやフランスの強い影響を受けた、壮大な整形式庭園《フォーマルガーデン》が王侯貴族の間で流行しました。常緑樹を刈り込んだ左右対称の幾何学模様を地面に描く結び目模様花壇《ノットガーデン》や刺繍模様の花壇《パルテール》、池や運河、植物や彫刻などを直線に配置し、遠くへ目線を導いて広がりを感じさせる通景線《ヴィスタ》などを駆使した庭は、権威の象徴でもあったのです。

一八世紀に入ると、上流階級の子弟が教養と文化を学ぶために、従者を連れて、ヨーロッパ大陸を周遊する大旅行《グランドツアー》が流行しました。目的地は主に、当時文化の都としてあこがれだったイタリアで、彼らは、その地の田園風景や、歴史の面影が残る絵画的な風景に心をうたれたのです。そして、それまでの自然を無視した人工的な庭ではなく、曲線を生かし、より自然なたたずまいを重視した風景式庭園《ランドスケープガーデン》が、英国人の造園家たちによって生み出されました。

なかでもウィリアム・ケントやランスロット・ブラウンなどが有名ですが、特に後者は、依頼された土地で必ず「うむ、これは可能性《ケイパビリティー》があるぞ」というので、ケイパビリティー・ブラウンというニックネームで呼ばれました。彼らはそれまでの庭園を壊し、なだらかな築山《つきやま》や池、蛇行する川に神殿、廃墟、洞窟、古典的な彫像などを配した、ロマン主義の絵に描かれたような庭をデザインしました。この独自の様式を、当時はイングリッシュガーデンと呼んだのです。

一九世紀のヴィクトリア朝は、海外からの珍しい植物の導入や、ばらの品種改良が進んだ時期です。華やかで美しい花壇が愛され、産業革命で生活にゆとりができた市民階級も、園芸を楽しむようになりました。しかし、一九世紀末には、けばけばしいほどの色彩と装飾過剰な庭に食傷したウィリアム・ロビンソンが、新しい風を吹き込みます。彼は野原に自生している耐寒性の野草の美しさをたたえ、つくろうとする土地の地形やその地の植物、そして建物と調和した庭をつくるべきだ、と主張しました。この考えに賛同した友人のガートルード・ジェークルは、樹木に草花を自然な感じに配し、色彩計画《カラースキム》に基づいた色づかいの庭を次々とデザインします。

この田舎家風庭園《コテイジガーデン》のスタイルは、二〇世紀の造園界に強い影響を与え、ジェークル亡き後もいまだに手本となっています。

エリザベス一世が幼年時代を過ごした
ハットフィールド・ハウス

イギリス王室にゆかりの深いハットフィールド・ハウス（Hatfield House）は、ジャコビアン様式（ジェームズ一世時代の様式）の華麗な宮殿です。エリザベス一世とジェームズ一世の宰相であったロバート・セシル（初代ソールズベリー伯爵）が一六〇七から一六一一年にかけて改築した館で、現在の一四代に至るまで、セシル家により代々受け継がれてきました。

五つの塔がそびえる宮殿の西と東に庭園がありますが、正門の右側にある赤れんがの古い建物は、エリザベス一世が異母姉弟たちと幼年時代を過ごしたオールドパレスです。

一五五八年の秋、この庭にそびえるオークの木の下で、エリザベスは読書をしていました。そのとき、ロンドンから早馬で駆けつけた緊急の使者が、彼女の前にひざまずき、姉のメアリ一世の崩御、そしてエリザベスが次のイングランド女王として即位することを告げたのでした。

この歴史的な一ページの舞台となった庭は、植物採集家《プラントハンター》として有名なジョン・トラディスカントがデザインしています。

今でこそイギリスは世界に知られる園芸植物の大国となりましたが、当時は植生の貧しい島国でした。大航海時代の幕開けとともに、一六世紀から一七世紀には造園熱が貴族の間で高まり、外国へ珍しい草花や耐寒性のある樹木などを探しに行く者が増えはじめます。

トラディスカントもその一人で、ヨーロッパの全域からロシア、地中海沿岸地方、北アメリカに至るまで足を延ばしました。彼が、初代ソールズベリー伯の庭園用に植物を集めた領収書によると、珍しいばらやさくらんぼ、チューリップ、クレマチス、白いライラック、オレンジなど、当時のイギリスにはなかった植物がヨーロッパ大陸から運ばれています。新しい植物の数々は、女王をはじめとする宮廷人を、さぞかし喜ばせたことでしょう。

その後、年月が流れるうちに庭は荒れてしまいますが、一九七二年にこの宮殿を相続したソールズベリー侯爵夫人が、庭をみごとによみがえらせました。庭園史に詳しい園芸愛好家の夫人は、セシル家に伝わる庭の図面や植物の注文書、明細書などを参考にし、できるだけ昔のスタイルを忠実に守り、その時代の植物を植えることに心をくばったそうです。

オールドパレスの前にある、イタリアの影響が濃い整形式庭園《フォーマルガーデン》は、チューダー朝やスチュアート朝（一五～一八世紀）の様式と同様、建物の窓や、周囲に巡らした堤《マウンド》から見下ろす沈床式《サンクンスタイル》です。噴水を囲むように、刈り込んだボックス（西洋つげ）で紋章や迷路のデザインをつくった〝Knot《ノット》〟（結び目模様）を配置し、模様が引き立つように、明るい色の砂利を通路に敷きつめてあります。

オールドパレスからライムウォーク（西洋ぼだい樹の散歩道）を通ると、西側の庭園へ導かれます。格式の高い家の庭園には、必ずといっていいほどこの並木がありますが、デザイン上の植栽というよりも、貴婦人の肌を配慮した日よけのためだそうです。

「秘密の花園」の意味をもつプリヴィガーデン（Privy garden）は、三代目の令嬢レディ・グウェンドーレン・セシルがデザインしました。

四隅にある桑《マルベリー》の木は、絹織物を振興させるために、ジェームズ一世の命令でフランスから取り寄せたのに、まちがってジャムなどにする実をとる品種が届いてしまい、養蚕業は立ち消えになってしまったとのこと。

センテッドガーデン（香りの庭）とハーブガーデンが続く西側の庭は、低い階段を降りるあたりから、庭に漂うなんともいえない芳香に引き寄せられてしまいます。庭を埋めつくすラベンダーやオールドローズの数々、ブッドレア、モックオレンジ、古典的な芳香性カーネーションやスイートピーなど、とても数えきれません。

特に、訪れるたびに立派なスタンダード仕立てに生長している、ハニーサックルの'Early《アーリー》 Cream《クリーム》'と'Early《アーリー》 Dutch《ダッチ》'はみごとでした。

このほか、宮殿の東側にはパルテール（ハーブのボックスなどを刈り込んだ刺繡模様の花壇）やプールガーデン（池のある庭）、メイズ（迷路）などの庭もあり、とりわけすばらしいのが月曜だけしか公開されないキッチンガーデン（洗練された装飾的な野菜畑）です。有機農法で家族のために栽培している菜園に、私は侯爵夫人の堅実な生活感をかいま見たように思いました。

宮殿は庭園とともに見学することができますが、セシル家に伝わる貴重な品々はまさに歴史博物館。エリザベス一世の遺品も多く、園芸用、あるいは狩猟用といわれるレースの帽子や、華奢《きゃしゃ》な絹の手袋なども展示されています。

それにしても、歴史的な遺産を守り、庭園までも常によい状態に維持管理されていることには頭が下がります。あるいはこれも貴族の務めなのでしょうか。

上　エリザベスＩ世が幼年時代を過ごしたハットフィールド・ハウスのオールドパレス。前庭は迷路を組みあわせたノットガーデンで沈床式になっている。
左上　ラベンダーやオールドローズなどの芳香植物を集めた「香りの園」。
左中　つぎつぎと開花するロックローズ。ただし、咲くのは午前中だけ。
左下　壁をつたう花ざかりのハニーサックル。夕暮れには香りが強くなる。

濠をめぐらした古城の華麗な庭園

ヘルミンガム・ホール

イギリスの新聞で楽しみなのは、週末によく特集される庭園ガイドの記事です。サフォーク州にあるヘルミンガム・ホール（Helmingham Hall）は整形式庭園《フォーマルガーデン》と宿根草花壇《ペレニアルボーダー》のみごとなことで、大きく紹介されていました。

整形式庭園は、濠をめぐらしたチューダー朝の建物の東側にあります。花と豊穣と春の女神といわれるフローラの彫像がある奥まった位置が、クラシックなばらを集めたローズガーデン。手前がハーブのパルテールで、どちらも長方形をすっきり組み合わせたデザインです。

約五〇〇年も続いているトレマッチ（Tollemache）家は、現在一八代男爵が当主です。この東の庭《イーストガーデン》は夫人《レディ》のデザインで、城のような建物の居間から濠をはさんで見下ろす位置にレイアウトしたそうですから、なんとスケールの大きいこと……。

西側の壁に囲まれた庭は、野菜畑やばら園、果樹園などで構成されています。特にメイン通路両側の長さ一〇〇メートルはありそうな宿根草花壇はパーフェクトそのもの。これはトレマッチ卿とヘッドガーデナーのロイ・バラーム氏との丹念な栽培計画と管理が、文字どおり花を咲かせたというべきでしょう。

ところで、イギリスの庭にはたびたびボーダーという花壇が登場します。アニュアルボーダー（Annual border）、ペレニアルボーダー（Perennial border）、バルブボーダー（Bulb border）、ハーベイシャスボーダー（Herbaceous border）、ミックスボーダー（Mix border）、ホットボーダー（Hot border）、クールボーダー（Cool border）、リボンボーダー（Ribbon border）、ブロードボーダー（Broad border）。

ざっと挙げただけでもこれほどの種類があるボーダーとは、何でしょうか。ボーダー本来の意味は地域の境界やへりを指しますが、園芸では帯状の細長い花壇や植えこみを意味します。植える植物や状況によって名前が変り、アニュアルは一年草、ペレニアルは宿根草、バルブは球根、ハーベイシャスは草花、ミックスは草花と小低木、ホットは暖色系、クールは寒色系、リボンは曲線、ブロードは幅広、というわけです。

たいていは、石垣やれんがなどの壁に沿って作られますが、植物の色と色が溶け合って調和し、絶妙な色違いの油絵を思わせるように作るのが腕の見せ所。イングリッシュガーデンのハイライトともいえる、重要なポイントです。

上　ボックスを斜め格子に刈り込んだチューダー様式のパルテール。ソフトな色の草花やハーブをアクセントに植えて。
下　ウォールドガーデンを彩るパステルカラーの境栽花壇《ハーベイシャスボーダー》。オレンジ色の花はヘメロカリス。右手奥の淡黄色の花は、山吹しょうまの*Aruncus dioicus 'Kneiffii'*《アルンクス ディオイクス ネイッフィー》。

日本の皇室ご一家とゆかりの深い
ブロートン・キャッスル

一九九三年の夏、私はCollege《カレッジ》 of《オブ》 Garden《ガーデン》 design《デザイン》のサマーセミナーに参加し、ルーシー・ハンティントン校長とロビン・ウィリアムズ先生からガーデンデザインを学びました。

ロンドンの西にあるニューバリーでの〝学生生活〟は、朝早くから夕方までびっしり詰まったカリキュラムで、元気印の私も授業の後はぐったり……。

当時のテキストを久しぶりに取り出してみると、英国庭園デザインの歴史から始まって、英国庭園の基本原理、植栽デザイン、ガーデンスタイルから造園材料、庭園の水利用、モダンガーデンデザインまで、ずいぶん勉強しました。授業は教室の中だけではありません。特にすばらしかったのは、前日に庭園の歴史とポイントについてじっくりと講義を受け、翌日はその庭を実際に訪れて、実物を前に復習できたことです。

このブロートン・キャッスル（Broughton Castle）も授業の一環で行きましたが、個人的にもぜひ訪ねたいところでした。

ここは、浩宮さまのご著書、『テムズとともに』(学習院総務部広報課発行)の中にも登場し、当主のセイ・アンド・シール(Saye and Sele)卿の温かいもてなしに、皇太子と天皇ご夫妻が旅の疲れをいやされたこと、両家の皆さまの楽器演奏の様子などが、いかにも幸せそうに描かれています。ご訪問が三月だったせいか、エッセイでは庭園にはふれられていませんでしたが、以前園芸誌に紹介されたレディスガーデン(貴婦人の庭)と呼ばれている庭の、ロマンティックなたたずまいが深く印象に残っていたので、カリキュラムの中にここを見つけて胸がおどりました。

緑の丘が続くオックスフォード州のバンバリー近くに、この一四世紀のマナーハウスはあります。水をたたえた濠をめぐらせ、ゲートハウス(門楼)を構えた風格のある館です。ところが、いかめしい要塞のような館の内側に入ってびっくり。中庭や厚いれんがの壁沿いのロングボーダー(長い帯状の花壇)は、上品でやさしい色合いの花が咲き競う、夢みるような庭でした。

ブロートン・キャッスルの主は、前出のようにセイ・アンド・シールというとても変わった姓の男爵で、二一代目に当たります。快活な足どりと晴れやかな笑顔で出迎えてくださったレディは、やはり上流階級出身のルーシー先生とは旧知の仲。

先生は若かったころに、よくここのプールへ泳ぎにきたと話してくれました。

まず、歴代の甲冑などが飾られている大広間《グレートホール》を通って階段を上り、屋上から中庭を見下ろしながらのレクチュアです。

「きょうは四つのポイントについて学ぶことにしましょう。まず、この下に見える整形式庭園はパルテール（Parterre）といいます」

一六世紀のチューダー朝には、ルネサンス期のイタリアからフランス経由で伝わってきた、植物を刈り込んで表現をする結び目模様ノット（Knot）が流行しました。結び目模様は、初期には単純な長方形や直線で縁取った花壇でしたが、しだいに細い曲線の複雑な模様や紋章などのパターンに変化します。

一七世紀に入ると庭は前庭から建物の裏側や脇のほうに移ります。さらに刈込み模様の幅や面積も大きくなって、渦巻き模様、唐草模様、象形的な模様などの幾何学的な図案を左右対称に配した、パルテールという刺繡模様花壇がもてはやされるようになります。

レディスガーデンと名づけられたここのパルテールは、ゆりの図案の中にフロリバンダ（房咲き）のばらとラベンダーを上品に組み合わせたデザインでした。

次は中庭に出てウォールドガーデンの講義です。

「イギリスの古い屋敷にはこうした石やれんがの壁に囲まれた庭（Walled garden）が必ずといっていいほどありますが、古くはキッチンガーデンとして使われてきました。鹿や野うさぎなどの動物の侵入を防げるし、風を防ぐ役割のほかに、太陽で温まった壁の余熱が、作物の生長を促してくれるのです」

ルーシー先生のよくとおる声が庭中に響きます。

こうした実用一点張りだったウォールドガーデンも、一六～一七世紀になると、眺めて楽しむパルテールがつくられるようになりました。

現在は、壁沿いの瀟洒《しょうしゃ》なオールドローズと宿根草のボーダー（帯状花壇）が、いかにも〝貴婦人の庭〟の雰囲気を演出しています。一九〇〇年ごろは、壁の西側にも花とトピアリーの非常に手のかかったパルテールがあったそうで、当時はなんと一四人のガーデナーが働いていたとか。その庭も今では芝生となり、一人のガーデナーがすべてを管理しています。

さて、先生が庭の中ほどで手をたたいて注意をうながしています。

「これがきょう一番のたいせつなレッスンです。皆さん、目をつぶってそこの門がない状態をイメージしてください」

先生は、建物の反対側のアーチ形の門を指さしました。

一九六九年にランニング・ローパー（Lanning Roper）という著名なデザイナーがこの庭を訪れるまでは、この門はありませんでした。彼は南側のその部分を壊して門をつけるよう提言したのです。たった一つの門を開けることで、その庭園と門の空間を突き抜けて、濠に映る空、向う岸の羊が放牧された領地にまで至るすばらしい見晴らしを、この庭に取り入れることができました。プロの造園家の芸術的感性はさすがに違います。

こういったデザインの急所は、実地にその場に立って教わらなければ素通りしてしまうところでした。

最後の重要なポイントは、壁の西側にある二つの長いボーダーです。中央から右側が赤からピンク、赤紫の暖色系の色の取合せ、左側は寒色系で青からグレー、黄色、白の、流れるような色づかいの美しいこと。それもそのはず、ルーシー先生の説明によると、ガートルード・ジェークルのアドバイスによる色彩計画《カラースキム》を実現したのがこの庭なのです。

ジェークルが住んだサリー州のマンステッド・ウッドは、オックスフォード州からそう遠くなく、同じ旧家の家柄ということで、おそらくここを訪れる機会があったのでしょう。植栽されている植物は、当時のままに維持管理されているとのこと

高い位置から見下ろして観賞するようにデザインされた、ブロートン・キャッスルのレディスガーデン。ボックスを刈り込んだ縁取りの様式をパルテールといい、17世紀に流行した。

でした。

「私の担当はこちらのピンクのボーダー。ブルー系はロード（卿）なのですよ」

花の名前を学名ですらすら答える夫人は、茶目っ気たっぷりに笑いながら、雑草をさっと抜きます。化粧っ気のない、日にやけたお顔は健康そのもの。ルーシー先生の話では、ふだんの暮しは質素で飾り気がないけれど、社交の場では、背筋をぴんと伸ばした姿勢のいいスタイルに、格調高い正装がよくお似合いだとか。

礼状をお出ししたことがきっかけで文通が始まり、二度目に訪れたときも、あいかわらずチャーミングな笑顔のご夫妻にお会いして、館内を案内していただき、当時のままに保存されている「アン女王の間」や「国王の居室」をゆっくりと見ることができました。

帰国して、そのときいただいた資料をひもといてみると、ここは一六〇四年にジェームズ一世とアン王妃が、一九〇二年にはエドワード七世の行幸があった由緒ある家柄で、一六三〇年には、議会派によるチャールズ一世打倒の秘密会議がここで開かれています。

このような旧家の建物は、荘園領主の館を意味するマナーハウス（Manor house）、あるいは貴族が住む田舎の本邸の意味のカントリーハウス（Country house）やグレートハウス（Great house）とも呼ばれています。

内乱が続いた一五世紀のばら戦争のころは、城砦のようだった守り専門の実用的な建物も、平和なチューダー朝からエリザベス朝に入ると、しだいに建物や庭園を改築し、華やかなものになっていきます。

その原動力となったのは、王族の行幸や行啓です。貴族たちはこぞって館や庭に手を加えて、ご滞在の栄に浴することにやっきになりました。お気に入れば栄達と富が、逆の場合は失脚の可能性もあったからです。

特にエリザベス一世は人心の操縦にたけていて、離宮などはつくらず、大臣や廷臣、随身たちを引き連れて宮廷をそのまま引っ越し、貴族の館に長逗留をしました。ちょうど、日本の江戸時代における参勤交代のように、財政的に疲弊させたり、寵臣と他の貴族を競わせ合ったりしたそうです。

庭園や建築文化の発達には、歴史が深くかかわっています。そういったことをしみじみと感じるのも、数百年の歴史が厳然として残るイギリスならでは、と思ったことでした。

造園家たちの道しるべとなった名園

ヒッドコート・マナー

うす青い亜麻の花畑がなだらかな丘の向うへ続き、羊が草をはむコッツウォルズの田園地帯。緑の風が吹き渡る丘にあるヒッドコート・マナー・ガーデン（Hidcote Manor Garden）は、二〇世紀を代表する英国庭園としてたいへん有名です。

第一次世界大戦前の一九〇七年、アメリカ人のローレンス・ジョンストン（Lawrence Johnston）は資産家の母とともに一〇エーカー（約一万二〇〇〇坪）の敷地を購入し、今までにない庭づくりを始めました。ケンブリッジのトリニティカレッジを卒業し、ヨーロッパ各地の庭を見てきた彼は、イタリアの太陽に輝く別荘《ヴィラ》や整形式庭園にインスピレーションを受けたのでしょう。

緑濃いユー（西洋いちい）の生け垣で〝部屋〟（Room）とよぶ空間をいくつもつくり、パッチワークのように全体をつなげていくと、大きな庭園になるという構想を編み出しました。

一九世紀のこぢんまりとしたマナーハウスから一歩出れば、次々と青天井の〝部

上　初夏に訪れると、入り口のスノーヒルブルーに塗られた門扉からあふれるように咲くモックオレンジの芳香で歓迎を受ける。この花木は「美しい星」を意味するベルエトワールという品種。日本名は「日の丸」。
右　自然石を乱貼りにした小道に咲くアストランティア。後方のばらの植込みまでゆったりと流れるやさしい色に心がいやされるようだ。

屋〃が続き、しかも、「あらっ」と趣向が変わるレイアウトです。きっと彼は楽しみながら、一つ一つの部屋の性格や、植物による室内装飾《インテリア》を考えたのではないでしょうか。

たとえば、白い花を集めたホワイトガーデン（White garden）、斑《ふ》入りの葉のフクシヤを刈り込んだ整形式のフューシャガーデン（Fuchsia garden）、トピアリーに囲まれたプールガーデン（Pool garden）、しでの並木を巨大な竹馬のように仕立てたステイルトガーデン（Stilt garden）など〝部屋〃の数は二五もあります。

なかでも私が好きなのは、懐かしい花ばかりを集めた、パステルカラーのオールドガーデン（Old garden）です。ここには'*Lowrence*《ローレンス》 *Johnston*《ジョンストン》'という名のついたピンクがかった黄色のばらが咲き、秋まで次々と花が絶えません。

印象が強いのは、燃えさかる炎のような色づかいのレッドボーダー（Red border）で、ガートルード・ジェークルの色彩計画《カラースキム》が手本となっています。

アメリカ人がイタリアの庭に着想を得て、イギリスのコテイジガーデンのよさをちりばめてつくったこの庭は、あとに続く造園家たちの大きな道しるべとなりました。ちなみに、ヒッドコート（*Hidcote*）の名のついたラベンダーや、びようやなぎ（*Hypericum*《ヒペリクム》）は、ここの庭から生まれたものだそうです。

女系三代が守る白いばらの館

キフツゲイト・コート

ヒッドコート・マナーを訪ねたら、すぐ近くの名園にも寄りましょう。歩いて一〇分足らずのキフツゲイト・コート（Kiftsgate Court）は一九世紀のマナーハウスで、三面が急な崖の細長い敷地に建っています。平地が少ないせいか、コンパクトな印象が強く、家庭的なやさしさが隅々にまで感じられます。ここは祖母から母、そして娘と三代にわたって相続され、愛されてきた庭なのです。

園芸好きな祖母のヘザー・ムーア（Heather Muir）が、ローレンス・ジョンストンと近所づきあいをするうちに、デザイン上も大きな影響を受けたそうで、やはりいくつかのくぎられた庭で構成されています。十字路で四つの花壇に分けられたフォアスクエア（Four square）と呼ぶ整形式花壇も、八角形の池を中央に配した沈床式庭園《サンクンガーデン》も小さめなのは、「庭の横幅がないことと、手入れが楽な点からこうしたのでしょうね」とオーナーのチェンバース夫人。私たちから見ればそれでも大きな庭ですが、いくつかあるボーダー花壇の色づかいなどは、祖母の代から母親のダイアナ・ビニー（Diana Binny）を経て、今もほとんど変わっていないそうです。

六月の中旬に訪れたとき、私は念願のキフツゲイト・ローズ（*Kiftsgate rose*）の花を見ることができました。

「いつもでしたら、ちょうど今ごろが満開で、雪が降り積もったように見えるんですよ。このばらは、祖母が一九三八年に*Rosa*《ロサ》 *moschata*《モスカータ》のつもりで求めました。ところが、一九五一年にここにみえたロザリアンのグラハム・トーマス氏が*Rosa*《ロサ》 *filipes*《フィリペ》と同定し、*Kiftsgate rose* と命名してくださったのです」

有名なこの小輪咲きのつるばらは、ローズボーダーの入り口右側にあります。ぶなの巨木にまとわりつき、はい上がっていくキフツゲイト・ローズの、なんと力強い生命力でしょう。その高さをたずねたところ、

「以前測ったときは五〇フィートでしたが、何度も切っているので、ほんとうはもっともっと高いはずですよ」「えっ、ということは一七メートル？」

もっともこれは、大きな木にかぶさってうまく育ったのでしょうが、小さな庭では家全体がつるに埋もれ、『眠りの森の美女』の話になりかねません。

数多い見どころの中でも、急な崖にジグザグの道をつけた斜面の庭は、地中海沿岸地方原産の植物が育ち、見はるかす遠景もすばらしいものでした。

上　18世紀に建てられた館のテラス下の、赤と白を組み合わせた幅広い花壇。真紅のオールドローズの左下は*Indigofera*《インディゴフェラ》 *amblyantha*《アンブリアンタ》で、藍の染料になるインディゴの近縁種。
右　この館の名前を世界中に有名にしたキフツゲイトローズ。学名を*Rosa*《ロサ》 *filipes*《フィリペ》 *'Kiftsgate'*《キフツゲイト》といい、イギリス中で最も大きく伸びるばらとの折り紙つき。ちなみに17mにもなるそうだ。

シッシングハースト・キャッスル・ガーデン

「期待と驚きの庭」のホワイトガーデン

ロンドンの南に位置するケント州は、りんごの果樹園やホップ畑の丘が続くカントリーサイドです。

一九三〇年、シッシングハースト（Sissinghurst）の荒れ果てた館を買い求めた夫婦がいました。夫は作家で政治家のハロルド・ニコルソン（Harold Nicholson）、妻も作家で園芸家のヴィタ・サクヴィル＝ウエスト（Vita Sackville-West）。ともに上流階級の出で、ヴィタは由緒ある英国貴族、ノール（Knole）のサクヴィル家の一人娘でした。

古い塔が残るエリザベス朝の建物にインスピレーションを受けた二人は、基本設計を夫が、植栽プランニングを妻が担当し、英国一魅力的な庭をつくり上げたのでした。といっても二人は、それぞれ同性の恋人がいるという前衛的な間柄で、ヴィタと女流作家、ヴァージニア・ウルフとの恋は、ウルフの著作『オーランド』にも描かれています。

私が最初にここを訪れたのは、一九八五年の夏のことでした。まず目に入ったのが、青空をバックにそびえる一六世紀の塔《タワー》です。ここから見下ろすと、庭のデザインが手にとるようにわかるのですが、最も大きな特徴は、残された中世の城壁や濠と小道や生け垣、並木道などで、いくつかの〝ガーデンルーム〟(Garden rooms)にくぎり、それぞれが個性をもつ〝部屋〟としてレイアウトされている点です。小道に導かれてローズガーデンやコテイジガーデン、ハーブガーデンへ入ると、そのつど雰囲気は一変し、次の〝部屋〟への期待に胸が高鳴ってきます。

このガーデンルームの構想は、ローレンス・ジョンストンが創りあげたヒッドコート・マナー(五四ページ参照)の影響を受けています。アメリカ生まれの彼は、欧州旅行中にイタリアで見た生垣や並木道を組みあわせた壮大な整形式庭園に、強い感銘を受けました。そして、イギリスのヒッドコートの丘に土地を求め、二五個の緑で区切った「アウトドア・ルーム」をつなげることで、一つの家ともいえるガーデンをまとめあげたのでした。ローレンス・ジョンストンと親交のあったヴィタは、何度となくヒッドコートを訪れるうちにアイディアが浮かんだのでしょう。

興味深いのは、庭の骨格のコンセプトが同じでも作り手が変われば、イメージはもとよりインテリアに当たる植栽もカラースキムもまるで違ってくることです。ましてや、当時としては美的センスも私生活も思想も「超飛んでいる女性」のヴィタと、

白い花とグレーの葉だけで構成した、有名なホワイトガーデン。この庭をデザインしたヴィタは、雪の降りしきる庭で花を植えている夢から啓示を受けたという。数回訪れた中で最も美しかったのが、この写真を撮影した95年 6 月28日。白い天蓋のようなばらは*Rosa*《ロサ》 *longicuspis*《ロンギカスピス》。

作家で有力者ハロルドのカップルですから、月並みな庭ではありません。

ハロルドが意図した〝A combination of expectation and surprise〟（期待と驚きの結合）がクライマックスに達するのは、ホワイトガーデンに足を踏み入れたときでした。それまでは多彩な花々が庭の植込みから壁まで覆っていたのに、ここは花といえば白一色。十字に交わった園路の中央には、白いレースの天蓋《てんがい》を思わせるばらが静かに揺れています。白いジギタリスにアイリス、アネモネ……。白い花と銀色の葉をもつ植物だけを集めたこの庭は、今やホワイトガーデンの代名詞となりました。

このアイディアは、ヴィタが雪の降りしきる純白の庭で、花を植えている自分を夢にみたことから生まれたとか。何度訪れても、不思議に霊的な感じを覚えるのは、このような由来があるからかもしれません。彼女は、「ヴィタがつくった庭」といわれるのを嫌い、「私たちがつくった庭」と、よく言い直したそうです。

ニコルソンのハードとヴィタのソフトがとけ合ったシッシングハーストの庭は、一九六七年にナショナルトラストに寄付され、二人の生前そのままに庭の面影を伝えています。ガートルード・ジェークルやヒッドコート・マナー・ガーデンの影響を受けてできた二〇世紀のこの庭は、大きな意味でコティジガーデンのジャンルに入り、いわゆるイングリッシュガーデンの代表といえるでしょう。

女流園芸家の仕事

王侯貴族の権威の象徴だった整形式庭園や風景式庭園は男性造園家の仕事でしたが、19世紀から20世紀にかけて生まれた英国式《イングリッシュ》庭園《ガーデン》は女流造園家たちの業績に負うところが多く名園が誕生しました。代表的な庭を巡りその魅力とセンスにふれてみましょう。

〝ミス・ジェークル〟と愛用の編上げ靴。

イングリッシュガーデンの偉大なパイオニア

ガートルード・ジェークル

マンステッド・ウッド

一九九三年の夏の朝、私はロンドンのランベスにある庭園史博物館（The《ザ》 Museum《ミュージアム》 of《オブ》 Garden《ガーデン》 History《ヒストリー》）の前で、門が開くのを待っていました。ここは廃墟同然だったセント・メアリーアット・ランベス教会を、チャールズ皇太子が中心となり、修復寄金を募ってできた博物館です。

朝早くから雨の中をもう五〇人近い人が並んでいるのは、ここでガートルード・ジェークル（Gertrude Jekyll）の「生誕一五〇年記念展」が開かれているからなのです。二〇世紀のイングリッシュガーデンといえば、自然風な「田舎家風庭園《コテイジガーデン》」のスタイルを主に示しますが、その源流を探ると、必ずジェークルという不世出の女流造園家にたどりつきます。私は彼女の著書で庭園史や造園を勉強していましたが、生涯で約二五〇の庭をデザインするまでの過程や背景、業績の数々を知るのに、これ以上の機会はありません。

会場には、家系図から始まって彼女の作品や手紙類、自筆の庭園の設計図と模型、彩色された色彩計画などが展示され、私以外の外国人も熱心に見入っていました。

一八四三年に教養の高い上流階級に生まれたジェークルは、五歳のときからロンドンの南のサリー州で、自然と親しみながら成長します。彼女はサウス・ケンジントン美術学校に進み、絵画やデザインを専攻して、一九歳のときにはギリシアの島々を巡りながら古代史や建築、絵画などを学びました。驚いたのは、水彩や油絵、デッサンなどの確かさに加え、展示されていた彼女の手工芸品の範囲の広さと、プロにも匹敵する出来栄えでした。刺繍の図案も刺し方もみごとで、見本《サンプラー》として教科書に載るほどの腕前ですし、木工、金工、版画、彫刻から鍍金《ときん》（メッキ）までなんでもござれ。造園の勉強をしていなくても、多方面にわたる基礎の積み重ねと、幼年時代の自然観察などとあいまって、ガーデンデザイナーとしての感性が育っていったことがよくわかります。

五〇歳近くになって視力の衰えた彼女は、二〇代の建築家エドウィン・ラチェンス（Edwin Lutyens）と運命的な出会いをし、パートナーシップを組んで、園芸と造園のコラボレーション（共同制作）を始めます。

上　サリー州の森の中にあるマンステッド・ウッドはラチェンスが1896年、ジェークルのために建てた家。春には数々の花が森の中に咲く。
下　オーク材を使ったハーフティンバーの壁面をもつポーチ。軒下にある美しい曲線のベンチは建築家のラチェンスのデザイン。

上　切妻の鋭角なラインを和らげる古典的なつるばら。ジェークルの生存中はクリーム色のMme.《マダム》 Alfred《アルフレッド》 Carrière《キャリエール》という八重咲きのつるばらが咲いていた。
下　木づたが絡む厚い壁の扉を押すと、そこはまさしく秘密の花園。初夏の光が花の上でたわむれていた。'96年 5 月26日に撮影。

彼女の庭づくりの目標は、程よい広さのコティジガーデンでした。庭というキャンバスに、草花や樹木で絵を描くように自然のやさしさを表現するのです。けれども、一見自然に見えても無造作というわけではありません。

彼女は計画性を強く説き、図面を用いた季節ごとの植栽計画と、自身が創案し実践した色彩計画《カラースキム》にのっとって、庭づくりを始めました。

会場には一八九六年にラチェンスが彼女のために設計した、サリー州のマンステッド・ウッド（Munstead Wood）の家の大きなパネルが展示されていました。母を亡くしたばかりのジェークルは、自分自身の慰めと楽しみのために庭をつくるのですが、のちにここは園芸愛好家なら一度は訪れてみたい「巡礼の地」となります。

現在は持ち主がクラーク卿に変わり、一度は荒れ果てた庭を復元し、管理しているとのこと。数年前から春と秋に二〜三回だけ特別公開を始めたそうですが、残念ながらスケジュールがまるで合いません。

しかし、チャンスは意外に早く訪れました。二年後にジェークルの庭の研究家として名高いリチャード・ビスグローヴ（Richard Bisgrove）教授をレディング大学に訪ね、色彩計画の見本庭園《サンプルガーデン》を見学した際、教授にお願いしてみたところ、特別許可が下りたのです。

約束の日の午後三時、マンステッド・ウッドの門まで出迎えてくれたのは、ヘッドガーデナーのステファン・キング（Stephen King）氏でした。彼もバースの美術学校を卒業した芸術家で、この庭をよみがえらせ、守ることに情熱を注いでいます。

ジェークルは庭のあらゆるところに、花や木で、絵のように美しい場所をつくり上げました。壁のくぐり戸の向うに咲き誇っている夏花壇は宝石箱のよう。その後一九九六年の春に訪れたときの、ブルーで彩られた春花壇や森の中の水仙群、木立の下を黄色く染めたプリムローズも忘れられません。今度は、三七メートルの壁に沿った、燃え上がるようなレッドボーダーを見に、ぜひ秋に訪ねたいものです。

植物の観察を常に怠らなかったジェークルは、目が不自由になってからも、葉ずれの音で何の木か判断できたそうです。晩年は心の目で庭づくりを続けた彼女は、マンステッド・ウッドに深い愛情を注ぎました。

生涯独身を通したミス・ジェークルは、ヴィクトリア朝という女性の社会進出がまだ認められていない時代に、男性の分野だった造園や園芸を職業とした先駆者です。その業績は遠くアメリカやヨーロッパにも及び、現在でも大きな影響を与えています。

ザ・マナー・ハウス

「もうアプトン・グレイ（Upton grey）には行ったかね」

「ぜひ行くべきですよ、アプトン・グレイへ」

私がG・ジェークルの残した業績を独自にたどっていると話すと、何人もの方がキーワードのようにアプトン・グレイをすすめてくれました。そして必ず、「あなたはきっとインスパイアされますよ」とつけ加えるのです。インスパイアとは、霊感を与えるとか奮い立たせるなどの意味です。その言葉を聞いて、ぞくぞくっと背筋が震えるうれしい予感がしました。

ジェークルはガーデンデザインを五〇代から始め、約三〇年の間に、およそ二〇〇〇の設計図と二五〇の庭を残しています。ところが、彼女が最初の設計を始めたころから数えて約一〇〇年が過ぎた今、オリジナルのまま保たれている庭園は、残念ながら非常に少なくなっているのが現状です。代が代われば管理者も価値観も変わります。せっかくの庭をつくり変えてしまったり、庭の由来を伝えることなく家屋敷を売りに出したケースも多いことでしょう。

こうした状況の中で、ジェークルの遺産の価値を再認識する気運が高まり、著書が再度出版されたり、彼女に関する研究書も目立ってきています。

さて、この評判の高い庭とは、ハンプシャー州のアプトン・グレイにあるザ・マナー・ハウス（The Manor House）のことです。私もビスグローヴ教授の著書でここをマークしていましたので、チェルシーのフラワーショー見学の後に訪ねる予定を立てました。

赤れんがのどっしりとした邸宅を背に、草むしりをしながら門のそばで待っていてくれたのは、少年のような雰囲気の女性でした。

胸当てのついた大きなエプロンにハンチングをかぶり、手にしているのは背丈ほどもある大きなレーキ（熊手）。顔も腕もよく日にやけ、鼻の頭は赤くなってちょっぴり皮がむけています。このお屋敷のお手伝いさんでしょうか。門から池のそばを通って続くアプローチの向う側に、ハーフティンバー（half timber）様式（木枠としっくい作りのチューダー朝の建築様式）の邸宅が見えますから、奥さまのところに案内してくれるのでしょう。

こちらの名前を告げると、驚いたことにこの方がオーナーのロザモンド・ウォーリンジャー（Rosamund Wallinger）さんだったのです。

まずはガレージに用意されていたスライドで、この庭の歴史をうかがいました。

彼女は一九八四年に、五エーカー（約六〇〇〇坪）の敷地に建つこの邸宅を購入したのですが、家も庭も見るも無残なありさまだったそうです。家の中の一三の水道管はみな破裂し、庭は雑草ととげだらけのブラックベリーがはいまわり、塀や壁は倒れ、わずかに残っていたのは石積みの階段ぐらいだったとか。その後自分の求めた物件についていろいろ調べるうちに、思いがけない文化遺産だということが判明したのです。一九〇八年にこの家を建てた初代のオーナーは、アート・アンド・クラフト協会の創立者で大立者のチャールズ・ホームズ（Charles Holmes）、家の設計は建築家のアーネスト・ニュートン（Ernest Newton）。そして庭のデザインが、かのガートルード・ジェークルの担当だったのです。

ウォーリンジャー夫妻は、この価値ある庭を、自分たちの手で修復しようと決心しました。スライドの記録は、荒廃した庭と格闘する二人の、並々でない苦労を物語っています。

彼女は園芸に関してはまったくの初心者で、ジェークルがどれほどの人物だったかも、初めは知らなかったそうです。けれども、筋道を立ててものごとを進める性格の彼女は、まず、カリフォルニア大学バークレー校のリーフ・ポイント・コレクション（Reef point Collection）から、一九〇八年と一九〇九年に作られたこの庭の設計図を一六枚、コピーで取り寄せました。これはアメリカ人の女流建築家ベアトリクス・ファーランド（Beatrix Farrand）が、生前に収集していた、ジェークルの業績に関する資料を遺贈したもので、リーフ・ポイントは、ファーランド女史が住んでいたメーン州の家の名前です。

ウォーリンジャー夫妻は、設計図を基に、庭に生い茂っているオリジナルでない木を抜き、新しい生け垣を作るためにユー（西洋いちい）を植えました。土を二度も掘り返し、殺菌消毒までしたという徹底ぶりです。

図面も植物リストもしっかり残っていたので、次は当時植えられていたオリジナルの植物探しにかかりました。『The Plant Finder』で調べたら、意外に早く見つかったとか。この本はＲＨＳ（The Royal Horticultural Society 王立園芸協会）が編集しており、植物の入手先がすぐにわかります。彼女は正しい種類を植えたいことと、経済的という二つの理由から、大部分を種子から育てました。また、それが彼女自身の勉強にもなったのです。

広々とした敷地の前庭には、ジェークルがここへ足を運んだころのままに残った野の花が乱れ咲くワイルドガーデン（Wild garden）があります。あの年は春が遅かったので、水仙やブルーベル、プリムローズがまだ花をつけていて、たたずんでい

シェークルが1908年に設計した庭を、一人の主婦が12年かけてよみがえらせた。冷たい感じのする壁や石段に植物を植え込んで、ソフトな雰囲気を演出するこの方法も、シェークルのアイディア。白い花は*Cerastium*、ピンクは*Aubrietia*。

るだけでも、なんと心が安らいだことでしょう。

邸宅の窓から見下ろす後ろの庭は、ジェークルがよく用いる、大きく平場をとって段差をつけた、三層からなるスタイルです。あいにく、訪問したのは例年よりも寒い五月。オールドローズのパーゴラやハーベイシャスボーダーはまだ花をつけていませんでしたが、夏から初秋にかけては赤とオレンジ色のホットカラー、そして青から白へのコールドカラーの色彩計画《カラースキム》がそれはみごととか。

また、ローン（芝生）の中にばらやゆり、しゃくやくなどを植え込んだローズローン（Rose lawn）も、花ざかりはさぞかしゴージャスな眺めでしょう。地震の多い日本では許可が下りないと思いますが、平たい石灰質の石を積み重ねた擁壁《ようへき》の植栽は、ジェークル独特のもの。おそらくこの手法は、若いころに地中海の島々で見た光景が源ではないでしょうか。このほかにも、整形式庭園やキッチンガーデン、テニスやボウリング用の広い芝生などの、いくつかのパートから庭は成り立っています。

興味深かったのは、芝生の外側のナッテリー（Nuttery）でした。ヘーゼルナッツ（はしばみ）の小さな雑木林なのですが、収穫だけでなく、小枝を草花の支柱に用いるために不可欠なのだそうです。

「この庭で生き残っていたのは、しゃくやくとヘメロカリスとコリダリス（紫けまんの仲間）の三種類だけだったのよ。でも、一二年間でここまでほとんど一人ででてきたのは、おもしろかったからなの」

案内しながらも、しじゅう腰をかがめては雑草を抜き、あひるの雛や放し飼いの鶏、二頭のラブラドールレトリーバーへも、愛情深い目を注ぐのを忘れません。

それまで園芸に関心がなかったという夫人が、図面や文献を調べて、ジェークル流園芸法の基本概念から独習し、そのうえ、苗作りから植えつけ、維持管理までをみごとにやってのけたのです。

小柄な体のどこにこれほど大きいエネルギーがひそんでいるのでしょう。彼女は今や、とても注目される園芸愛好家の一人になりました。

「人に見せようとか、ほめられようと思って庭づくりをしたわけではありません。そのせいか、毎日の庭仕事がとても楽しかったのよ。多くの人や地域の庭園保存協会の方々からもたくさん教えていただいたし。この庭を皆さんと分かち合えるのが、私の栄養源になっているのかしら」

きらきらと輝くひとみで語る夫人の、五二歳とは思えない若々しさも、この、こよなく美しい庭のプレゼントなのでしょうか。

帰り道、私はほんとうにインスパイアされていることを実感しました。

ヘスタークーム

一九七〇年、サマーセット州にある消防署本部の物置から、古ぼけた植栽設計図が出てきました。処分される寸前に救出されたのは、ガートルード・ジェークルによる、この庭のオリジナルプランでした。

現在も消防署本部として使われているヘスタークーム（Hestercombe）ハウスは、もとはポートマン（Portman）卿の邸宅です。彼は、一九〇四年にラチェンスに造園設計を、ジェークルに植栽設計を依頼しました。二人がちょうど脂《あぶら》がのりきっていた時期です。

しかし第二次世界大戦中はアメリカ軍に接収され、庭は見る影もなくなってしまいました。米軍撤退後は王室の所有となり、郡役所が消防署本部として借り受けていたのです。

感動的なのは、当時の署長のとった行動でした。文化遺産に造詣《ぞうけい》の深い彼は、ただちに州の顧問建築家に相談し、自治体の関連各局の承認を得て、一九七三年から公式に復元にとりかかりました。消防署も専任スタッフを二名当て、毎年一ヵ所ずつ修復しつづけたそうです。

上　ジェークルはつるばらをよく用いた。パーゴラからガーランドのように流れる房咲きのピンクのばらは、*American*《アメリカン》 *Pillar*《ピラー》。ハードな石組みとソフトな草花の植栽が調和した長い柱廊がみごとだ。下　ヴィクトリア朝の建物を背景に、直線と円で構成したRill（細流）。水色の花は*Myosotis*《ミオソティス》 *scorpioides*《スコルピオイデス》。

さらに感動したのは、修復に必要な珍しい植物を、イギリス各地の園芸愛好家が寄付していること。

官民一体となったこのプロジェクトは、その後数々の名誉ある表彰を受け、今は、荒廃していたころの面影など、どこにも見当たりません。

ここの庭は、ヴィクトリア朝様式の館を引き立てる沈床式庭園《サンクンガーデン》をメインに、建築家のラチェンスが得意の石使いで、すっきりと庭全体のレイアウトをまとめました。石やれんが、幾何学的なデザインの冷たさを和らげたのがジェークルです。彼女は直線の小川やパーゴラの長い散歩道、石積みの擁壁などにも、やさしい色で生命を与えました。

特に見どころは、石積みの間に地中海沿岸地方のハーブを植え込んだグレーウォーク（Gray walk）の植栽です。銀色の葉は、コントラストの強い補色関係や、色の流れを穏やかにしますが、私はこの場所に立って考えました。

ラベンダーやカーネーション、ラムズイヤー、キャットミント、セイジなどの香りのいい銀葉植物《シルバーリーフプラント》は、手ざわりとともに、目の不自由だったジェークルの、大きな慰めだったのではないでしょうか。

野の花を愛した現代園芸の母
マージェリー・フィッシュ

イースト・ランブルック・マナー

二〇世紀初頭の女流園芸家といえば、G・ジェークルが有名ですが、忘れてならないのが〝Mother of Modern Gardening〟(現代園芸の母)と高く評価されているマージェリー・フィッシュ(Margery Fish)。園芸家と名のりながら彼女を知らない人はモグリといわれるほどで、彼女の残したサマーセット州のイースト・ランブルック・マナー(East Lambrook Manor)を訪れる人は今も絶えることがありません。

フィッシュ夫妻がたったの一〇〇〇ポンドで、古ぼけたマナーハウスを購入したのは一九三七年のことでした。二人は張り切って家と庭の手入れを始めましたが、現在の所有者のアンドリュー・ノートン(Andrew Norton)氏によると、感性の違う夫がよしとする庭に、妻として従わざるをえない辛い時期もあったようです。このイギリス版亭主関白の話に、私はどこの国でも同じようなままならない話があるものと同情しました。

一九四九年に夫が亡くなると、いよいよ本領発揮の時がきます。彼女は生粋のコテイジガーデンをつくりたかったのでした。

初夏のすがすがしい日ざしの中、マージェリーのつくった庭を散策してみると、どの植物ものびやかに育っていて、そよ風に花穂が揺れ、灌木は葉裏を見せながらそよいでいます。りんごの花が満開のオーチャードガーデン（果樹園）から、緑豊かなグリーンガーデンを過ぎ、昔ビールを造っていたモルツハウス（Malt house）の横から、テニスガーデンへと道は続きますが、生け垣や縁取りではっきり区分されているわけではありません。

同じコテイジガーデンでも、ジェークルの庭とはずいぶん違います。

ここには流れるような色彩のボーダーもなければ、洗練された縁取りも見当たらず、モルツハウスの裏手には、エドワディアン（エドワード七世時代、一九〇一～一〇）の絵に出てくるような、のどかな農家の庭がありました。飛び越えられる幅の水のないディッチ（溝）の中にまで、愛らしいすみれや風露草がタピストリーのように咲き、ディッチガーデン（Ditch garden）と呼ばれています。木陰に咲くクリスマスローズ、土手を覆う宿根スイートピーに白い花をつけたカウパセリ……。

上　サマーセットにある、イースト・ランブルック・マナー。華やかな花はないのに、明るく平和なたたずまいだ。左のハーブはアンジェリカ。
下　素朴な牧柵と芝生の自然な雰囲気のグリーンガーデン入り口。りんごの花が散り、季節は初夏へ向かう。

いつまでもぼんやりとしていたい、心の平安を覚えるたたずまいです。同じコテイジガーデンと呼ばれる庭のスタイルなのに、なぜジェークルのデザインした庭とこうも違うのでしょうか。ノートン氏にたずねると、

「いい質問ですね。ジェークルはまず図面を設計し、イメージや色彩計画に基づいて植物を決め、計算して株数を割り出しました。しかしマージェリーは、植える場所の地形とか日当り、風向き、土の湿度の有無などをまず考えて、そこにいちばん合った、耐寒性のある植物を選んだのです。だから、植替えや冬越しなどのメンテナンスも少なくて、人手を頼まなくてもいいし、なによりも、植物が本来の姿でいきいきと生長するのです」

また、年間を通してどこかに必ず花が見られることも、大きなテーマでした。子供に恵まれなかった彼女は、庭の植物すべてに母性的な愛を注ぎ、ただの溝にも、その場所にぴったりの草花を植えました。

「普通、庭には人々のいこいや慰めのために、植物を植えますね。けれどもこのイースト・ランブルックは、植物が楽しく過ごすための庭なのです」

ここは、イギリス中で最も植物が幸せな庭ではないでしょうか。

数多くの著書を著わし、園芸界に影響を与えたマージェリーですが、ノートン氏

も彼女の思想を受け継いだ園芸家の一人で、耐寒性*Geranium*《ゼラニウム》（西洋風露草）のナショナルコレクションをもち、ナーセリーも経営しています。

Column

英国人の風露草熱

ここ一〇年来、イギリスでは*Hardy*《ハーディ》 *geranium*《ゼラニウム》（風露草）の人気が高まっている。わざわざhardy（耐寒性）という形容詞をつけるのは、アフリカ原産で非耐寒性の*Pelargonium*《ペラルゴニウム》（天竺葵《てんじくあおい》）も、以前は園芸上同名で呼ばれていたので区別するため。世界には約四〇〇種があり、日本のげんのしょうこ（G. *thunbergii*《ツンベルギー》）や、えぞ風露（G. *yezoense*《イエゾエンセ》）、浅間風露（G. *soboliferum*《ソボリフエルム》）などをコレクションする英国人も多い。

風露草の魅力は、なんといっても花の可憐さ。風にふるえる優しい花びらは、白からピンク、紫、青と微妙な変化を見せ、網目、筋目、ぼかし、刷《は》け込み斑などの花弁の模様も、葉の形もそれぞれにすばらしい。さらに、植物学者のDavid Hibberd《デヴィッド ヒバード》氏は、「寒さに強くて栽培が容易なうえ、ほかの宿根草や小低木とも調和し、どんなカラースキムにもマッチする」と著書の中で述べている。たしかに、ボーダーの前列やばらの下草、ロックガーデンやコンテナの寄植えなどにぴったりで、数多くの庭でよく見かけた。

私も約二〇種を植えているが、植えたままで五年以上も宿根しているほど丈夫だ。たとえば紅葉も美しいG. *dalmaticum*《ダルマチクム》、紅紫色の花弁と、切込みが深い葉のG. *sanguineum*《サンギネウム》、青い大きな花がチャーミングな、G.*pratense*《プラテンス》'Johnson's《ジョンソンズ》 Blue'《ブルー》などは、ずいぶん友人にもわけた。海外に注文した品種もあるが、最近ではオランダやイギリスからの園芸品種などが国内で入手しやすくなった。

意外な穴場は山野草店。〝西洋風露〟の名で原種を見つけたことがある。

左　*G. versicolor*《ヴェルシカラー》。*G. striumum*《ストリウマム》とも呼ばれ、網目模様入りのじょうご形の花が美しい。つぎつぎに開花して花期が長いので、花壇の縁取りによい。
中　*Geranium*《ゼラニウム》 *phaeum*《ファエウム》の色変り種。赤紫から黒に近い色まで変異が多い。
右　*G. cinereum*《シネレウム》 *'Ballerina'*《バレリーナ》。暗紫色の目《アイ》とはっきりした網目模様が特徴。

左　*G. endressi*《エンドレッシー》 *'Wargrave Pink'*《ワルグラーヴピンク》。草丈がやや高く、昔から花壇に植えられた。
中　*G. clarkei*《クラルキー》 *'Kashmir Pink'*《カシミールピンク》。花壇に適した葉も花も美しい品種。白花もある。
右　*G* × *oxonianum*《オコニアナム》の自然交配種。名前がまだないが、花色も形もとても優美だ。

ローズマリー・ヴェアリー
チャールズ皇太子の園芸の師

バーンズリー・ハウス

「ええ、忘れもしないわ。庭づくりを本格的に始めようと思ったのは、一九六二年のクリスマスに、子供たちからすばらしい贈り物をもらったからなの」

イギリスで最も美しい庭の一つといわれるグロスターシャー州のバーンズリー・ハウス (Barnsley House)。これまでにしたのは、現代女流園芸界で大御所的存在のローズマリー・ヴェアリー (Rosemary Verey) 夫人で、世界中に知られるガーデンデザイナーです。私が最初に訪れた一九八五年の夏、この道を歩むことになった動機についてうかがってみました。

夫人の人生を変えることになった思い出のプレゼントとは、

「長男のチャールズからは、The Royal Horticultural Society (王立園芸協会) の会員証、娘のディヴィナからは大判のノートでしたの。フィレンツェの上等な紙の表紙で、ページを開けたら『Gardening Book』とタイトルまで入っているじゃありませんか。私が園芸に夢中なのを、二人ともよく見ていたんですね」

私が初めて手にした夫人の著書は、アメリカで求めた『Fragrant Garden』（香りの園）という、芳香植物を中心にした、ハーブやポプリに関する単行本でした。読み進んでいくと、植物の栽培や利用法ばかりでなく、個々の花やハーブの背景にひそむ歴史とか文化に対する造詣が深く、著者のインテリジェンスがページの隅々に光っています。いつか機会があったら、ぜひバーンズリー・ハウスを訪ね、ヴェアリー夫人とお会いしたいと思っていたのでした。

あの当時は日本からの訪問者もまだ珍しかったので、私がハーブの勉強をしていることを知って、庭をゆっくりと案内してくださり、聖書の中に登場する有名な毒草のマンドレイク（*Mandrake*）に触らせてもらったことが、少女のようなか細い声と一緒に思い出されます。

その後何度か訪れる機会に恵まれましたが、同じ庭を長く見続けると、庭の推移や展開とともに、いつもなにかしら新しい試みをしている、生涯現役の姿勢が伝わってきて頭が下がる思いです。

コッツウォルズ地方独特のはちみつ色の石《ハニーストーン》でできたバーンズリー・ハウスは、約一万平方メートル（約三〇〇〇坪）の敷地のほぼ中央に建つ、一七世紀の館です。日本で三〇〇〇坪といえばマンションが何棟も建つ広さですが、テニスコートとクロケット用芝生と正門前の芝生が約三分の一を占めているので、イギリスの大きな庭を見慣れた目には、そう広いという感じがしません。

東南に面した館の前面には、実に数多くのテーマが組み込まれていて、ガーデンデザインに興味のある者にとっては、歴史と理論と実物を一度に見ることができる、生きた庭園博物館です。しかも色づかいといい、レイアウトといい、維持管理も超一流のレベルなのですから、人気が高いはずです。

時代順に庭のコーナーを紹介すると、中世の修道院に源を発する野菜とハーブの混植菜園ポタジェ（Potager）は、古い壁の向う側にあります。ベランダの前にあるボックス（西洋つげ）を刈り込んだ小さなノットガーデンが、一六世紀に流行したスタイルです。前庭の四隅に配置されたパルテールは、一七世紀に流行したもの。一直線に庭を横切る、西洋ぼだい樹と金ぐさりの並木道は、パルテールと同時代のスタイルです。最高のヴューポイント（見どころ）として雑誌などにもよく紹介されているので、ご存じの方も多いことでしょう。

庭の両端にあるローマ風とゴシック風の遺跡を模した建物は、一八世紀の風景式

イギリスで最も美しい庭の一つといわれる、バーンズリーハウスの春の庭。女主人のローズマリー・ヴェアリー夫人はチャールズ皇太子の園芸の師でもある。

上　白く塗られた出窓に、逆光で見る花のシルエットが神秘的で美しい。
下　コンサヴァトリー（温室）の天井まで届くほど生長した、鉢植えのローズゼラニウム（ペラルゴニウム）。

庭園をしのばせています。一九世紀風といえば、ボックスをひし形の連続模様に刈り込んだハーブガーデンで、台所に続く細長い通路をみごとに生かしたデザインです。二〇世紀を代表する花壇は、夫人の一番の腕の見せどころ。広い面積のブロードボーダー（幅広花壇）や、その名のとおり細長いライン上に草花を植え込んだリボンベッドなど、何度訪ねても息をのむ美しさです。

見落としてならないのは、庭の西奥にある、球根植物や落葉樹が美しいウィルダニス（自然な感じを残した庭）と、敷地を囲む東側のウォールです。五〇メートル以上はありそうな古いれんがの壁を、香り高いつるばらやハニーサックル、クレマチスなどのつる性植物がびっしりと覆い、まるでゴブラン織りのタピストリーのよう。

まだまだ庭のすべてを書ききれませんが、こうしたテーマ性のある区分《ゾーニング》に加え、造園上の約束ごとのヴィスタ（通景線）やフォーカルポイント（焦点）などを取り入れて、みごとに仕上げた夫人は、いったいどこでガーデンデザインを学んだのでしょうか。

「私はべつに園芸学校を出たわけではないのですよ。みな、自分の意志で学びました。栽培の基礎を習ったり、本で勉強をしたり、センスのいい友人と優れた庭を数多く見たことがとても役立ちましたね」

結婚後、週末用に借りたコテイジで、近くの庭師から、土曜日ごとに野菜や宿根草の育て方を教わった夫人は、子育てが一段落すると、ギリシアの古い植物誌や、庭園史などの書物で勉強を始めました。また、センスを養うために、優れた庭をできるだけ多く見て、色彩やボリューム、空間のとり方などを実際に確かめ、専門家や芸術的な才能のある、友人知人のアドバイスにもよく耳を傾けたそうです。

三十数年かけてつくり上げた庭はしだいに人々の心をとらえ、チャールズ皇太子をも魅了しました。

「できることなら農民に生まれたかった」という皇太子は、ここからそう遠くないハイグローヴに、有機農法ですばらしい庭を自らつくっていますが、夫人は長年のよき相談相手です。皇太子は、バーンズリー・ハウスへもしばしばみえるとか。夫人の園芸に関する博識と、経験に培われた貴重なアドバイスもさることながら、おそらく公務によるストレスを、母親のような愛を感じさせる夫人とこの庭によって、癒されているのではないでしょうか。

ローズマリー夫人の夫デヴィッド氏は、一九五一年に両親からこの家屋敷を相続しました。夫が亡くなった後は夫人の所有となりましたが、一九八八年に長男のチャールズ氏に生前贈与をし、現在は母屋に隣接する、昔の馬小屋を改造した小さな家に住んでいます。しかし、庭の楽しみは以前と変らず夫人の思いどおりに続けており、庭園の雰囲気はますます円熟の度合いを深めてきました。

長男のチャールズ氏は、庭園用家具を専門とするデザイナーです。庭の中に作品を展示し、母屋の一画では妻のデンジルさんが、アンティークショップを開いています。一九九〇年に訪ねたとき、私は彼がデザインした、チーク製の六フィートのベンチを求めました。シンプルなデザインと、雨風でシルバーに変化した色がシックで、庭にとてもよく合います。

次にはリスター（Lister）社のリッチモンド（Richmond）という庭用の丸いテーブルと椅子がどうしても欲しくなり、五〇歳の誕生記念に、自分自身へのお祝いとして、注文しました。これは円を六等分した三本脚の椅子が、テーブルの下にぴったりとおさまる、今まで見たこともないユニークなデザインです。

念願の品物が届き、頑丈な梱包から最初の椅子が出てきたとき、私は思わず叫び声をあげてしまいました。

なんと、赤い銘板には〝Charles Verey〟とデザイナーの名前が入っているではありませんか。カタログに載っていた数多いテーブルセットの中から、とても気に入って選んだのが、奇しくも同一デザイナーのものだったとは……。一九九五年に渡英

芝生を横切るユーの並木道。ロックローズと風露草が自然のままに。1989年7月下旬。花が終った冬には石畳の小径が庭のアクセントになる。

した際、チャールズ氏にこの話をすると、彼も驚いて、リスター社へデザイン権を売る前のオリジナルを、アトリエから運んできて見せてくれました。

芸術家タイプの彼の奥さまは、アンティークが好きな私の夫と古い道具類のことで話がはずみます。こうして庭を訪ねるたびに、世代も国境も超えたコミュニケーションが深まっていくのは、なんとすてきなことでしょう。

前回訪ねたとき、私は、「庭づくりで何がいちばんたいせつでしょうか」と夫人に質問しました。返ってきた答えは〝To know your plants〟。

すなわち、デザイン云々の前に、まず実際に自分でさまざまな植物を育てて観察し、その個性や気候風土との適合性を確かめ、花色や葉色、サイズ、耐寒性などを熟知することが最もたいせつというのです。

「それには、まずノートを用意しなさいよ。必ず日付を入れて、絵を描くんです。種子の絵、芽出し、葉のつき方、枝の張りぐあい、つぼみ、花の咲き方、花のしくみ、花の後、枯れた状態……。一年草だけでもこれだけの要素があるでしょう？　樹木なら季節ごとの樹形から、生長の過程も記録してね。私の宝ものは一九六二年からの数えきれないノートです」

あのときから私は、〝To know my plants〟を座右の銘にしています。

また、次のような話も心に残りました。

「庭づくりのことで相談を受けたら、まず、ゆっくりと注意深く庭を一巡りします。風向きはどうか、日当りのいい場所と悪い場所の確認、冬にいちばん暖かい場所はどこか、大きな木の位置などを調べるんです。次には家の中から窓の外を観察します。特に台所や居間、寝室から庭がどのように見えるかを頭に入れておくのを、忘れてはなりません」

確かに。庭は年ごとに成長し、姿を変えます。一時の見かけだけでなく、人にも植物にも居心地のいい庭づくりを、心がけていきたいものです。

ポタジェの魅力

私が庭を散策していると、「セイコ、ポタジェはもう見ましたか」と必ずのように声がかかります。

Potagerとは、フランス語で家庭菜園のことで、英語的にはPosh（優雅な、スマートな）Vegetablesの意味とか。別名で、Ornamental vegetable gardenとも呼ばれています。これは、幾何学的なデザインの庭に、果樹や野菜、ハーブ、花などを混植した、実用と装飾を兼ね備えた庭のことで、ルーツは修道院の自給自足の時代にさかのぼります。

夫人は一七世紀の聖職者で作家の、ウィリアム・ローソン（William Lawson）著『田舎の主婦の庭』を参考にして、実用的なデザインや、役に立つ植物品目のヒントを得たとのこと。田の字形を基本にした約一五〇坪の整形式庭園には、石やれんがで通路をつけ、収穫や手入れに便利なように細かくくぎってあります。ここでは、コンパニオン・プランツの考えを取り入れて、ハーブを混植することにより、無農薬栽培をしています。ハーブから発散する芳香精油が害虫や病気から植物を守り、ハーブに来るみつばちが、果樹類の受粉を助けてくれます。ラベンダーの縁取りの中にキャベツやレタスがあったり、ボリジとグーズベリーが同居しているのはそのためなのです。上手にプログラミングをすることで、狭い土地でも有効に利用でき、おしゃれな演出を楽しめるのもポタジェの魅力です。

一九八六年には、小さいながらもここに、ジャパニーズベジタブルガーデンができました。その前年に、私がプレゼントした三つ葉や青じそ、わけぎ、からし菜などがみごとに育ち、一画を陣取っていたのです。一九一八年生まれの夫人は少しも年を感じさせません。次の機会には、若さの秘訣をうかがいたいものです。

愛する人とつくる庭の輝き

ペネラピ・ホブハウス

ティンティンハル・ハウス

ティンティンハル・ハウス（Tintinhull House）と聞けば、イギリスの庭に興味のある方なら、すぐにペネラピ・ホブハウス（Penelope Hobhouse）を思い浮かべることでしょう。

サマーセット州にある、この由緒ある一六世紀の館と庭園は、二〇世紀の偉大な園芸家のフィリス・ライス（Philys Reiss）夫人がナショナルトラスト（National Trust）に寄贈したものです。

しかし、美しい庭の名声をさらに高めたのは、この庭に一四年の歳月と情熱を注いだ、国際的に有名なガーデンデザイナーの、ホブハウス女史なのです。彼女も最初から園芸の専門家ではありませんでした。ケンブリッジ大学では経済学を専攻し、結婚するまではガーデニングとはまるで縁遠い生活だったそうです。

ところが、ティンティンハル・ハウスの庭を訪れたときに、芸術的なインスピレーションを受けたのが動機となり、園芸を独学で学びはじめました。その実践の場となったのが、一九六八年に移り住んだ夫の実家、ハドスペン・ハウス（Hadspen House）です。ここは第二次世界大戦で荒廃したままの庭でしたが、彼女のパワーと努力でみごとに修復がかない、人々の注目を集めました。

しかし、運命とは不思議なもの。庭づくりに精根を傾けているあいだに夫との別れがあり、彼女は再婚相手の大学教授、ジョン・マリンズ氏とともに、あのティンティンハル・ハウスに移り、一九七八年から、テナント（借家人）として住み始めるのです。

というのは、イギリスにはナショナルトラストという、一八九五年に設立された文化保護財団があります。ここは、貴重な自然と歴史的な環境を守るために、人々の寄付で土地や建物を買い取ったり、寄贈を受けて保存、管理、公開をしていますが、この一連の運動の中に、テナント制度があります。価値ある家屋敷をいい状態に保つためには、実際に人が住むことが必要だと考え、維持管理の義務つきで借家人を募集し、審査のうえで貸し出すシステムです。

およそ一〇年間にわたるハドスペン・ハウスの成果が評価され、ホブハウス女史は審査にパスして館に引っ越しました。そして寄贈された状態を守るというナショナルトラストの精神にのっとって、フィリス夫人のデザインを維持管理するとともに、自らのセンスもプラスして、庭を充実させていきました。

ティンティンハル・ハウスの庭の大きな特徴は、花や葉の色づかいがとても巧みなことです。ホブハウス女史もまた、マージェリー・フィッシュやガートルード・ジェークルの影響を受けた一人で色彩計画《カラースキム》には特に細心の注意を払っており、一九八五年に出版した『Color in your garden』は多くの園芸家たちに影響を与えました。

東西に細長い長方形の敷地は、ヒッドコートやシッシングハーストの〝部屋〟(Room)を取り入れて、生け垣やれんがの壁などの直線で大きく格子状にくぎり、とてもシンプルなレイアウトです。そのために見通しをきかせたヴィスタ（通景線）が三カ所にあり、庭全体のイメージを理知的なものにしています。

それでいて、植込みの各所には花で織り上げたタピストリーのような色づかいが見られ、私は何度足をとめたことでしょう。館の前のイーグルコートを通ってミドルガーデンに出ると、右手にオールドローズの茂みがあります。*'Fantin《ファンタン》-Latour《ラトウール》'*の淡いピンクの八重咲きや、濃いマゼンタの*Rosa《ロサ》 rugosa《ルゴサ》*（はまなす）などの足もとには、白からピンクの濃淡、絞りの入ったピンク、黒い目の入ったロー

小雨にぬれたキッチンガーデンへの通路を縁取るチューリップとわすれな草。
アーチ形にあけたユーの生け垣が額縁となり、庭を絵のように見せている。

丸い池のある「泉の庭」。ここは白い花と銀色の葉の植物を集めたホワイトガーデンで、夏になると白一色の静かなたたずまいの庭に。

ズピンクなどの宿根ゼラニウムの花が咲き、パレットの上でざっと絵の具を混ぜたよう……。

ホワイトガーデンを右に曲がると、私のいちばん好きなキッチンガーデンです。長方形のスペースに十字路をつけた中世のスタイルですが、二〇メートル以上ある長い通路の両側から咲きこぼれる紫色のキャットミントが、ロマンティックなヴィスタとなっています。

キッチンガーデンの奥はオールドローズのボーダーで、畑の周囲は白やピンク、ブルーの花で囲まれています。畑のハーブや豆、ポテトなども一緒に育ち、まさにここはオーナメンタルキッチンガーデン（装飾的な菜園）で、まねをしたいヒントがたくさんありました。植栽リストと首っ引きで、淡い寒色系の色調の花を植え込んだペールボーダー（Pale border）や、赤い暖色系のホットボーダー（Hot border）などをゆっくり眺めている人も多いようです。

天にそびえるレバノン杉の下で、私はロンドンから来た中年の婦人から、こんな話を聞きました。

「やっぱりペネラピがいなくなってからは、庭に精彩がないわねえ。彼女は、大学教授のご主人と自分たちの庭をつくるために、数年前に借家人《テナント》をやめたんですよ。

でもお気の毒に……」

　私はホブハウス女史の著書でこの庭を知り、ファンになった一人です。ティンティンハルへ移ってから出版した『Garden style』、『Penelope Hobhouse on Gardening』のどちらの本にも、いきいきとした庭の表情が、写真を通して伝わってきました。ぜひいつか訪ねてみたいものとあこがれ、期待していただけに、正直なところ、私も庭がなんとなくさびしげに見えてならなかったのです。天気が悪かったせいばかりでなく、いくら管理がよくても、やはり、庭を心から愛している人がいないと、植物もどこか色あせて見えるのでしょう。

　夫妻はドーセット州のベティスクーム（Bettiscombe）で見つけた、古い壁に囲まれた牛小屋を改装し、終《つい》の住処《すみか》となる庭づくりを始めました。今までと違って、だれに気がねをすることもなく、これからは自分たちのスタイルで庭づくりができるし、費やした時間も労力も、全部二人のものになるのです。ところが、その庭の完成も間近というやさきに、夫が先立ってしまうという不幸が彼女を襲いました。

　海辺に程近いその庭は、だれにも見せないプライベートガーデンだそうです。どのようなデザインで、どんな色で彩られているのでしょうか。

カナダ生まれの期待の星

サンドラ・ポープ

ハドスペン・ハウス

バーネットの名作『秘密の花園《ザ・シークレット・ガーデン》』に描写されているように、だれも世話することがなく放置されたままの庭ほど悲惨なものはありません。イギリスの人々は、このような見捨てられた庭の状態を、neglectといいます。

ホブハウス女史が一〇年もの歳月と労力をかけて美しくよみがえらせたハドスペン・ハウス・ガーデン（Hadspen House Garden）は、彼女がティンティンハル・ハウスへ去ってしまった後、どうなったのでしょうか。私の小さな庭でさえも、旅行や多忙などでちょっと手を抜くと、雑草でひどい状態になるのですから、想像がつきます。

さわやかな七月の朝、サマーセット州にあるハドスペン・ハウスを訪ねました。夫と私は庭園への入り口の標識を見落として、古い館のほうへ回ってしまったので

上　朝陽が昇る前からオールドローズの花がら摘みに余念のない素顔のサンドラ。この奥がキャットミントの小道で、左下には長方形の池がある。
下　キャットミントとばらを配した小道をヴィスタに。シンプルだが誰にも真似のできない印象的な色づかいだ。遠景の赤褐色の木はCopper beech《カッパー ビーチ》。

すが、そこで見たのは、手入れはされているものの、わびしげな庭でした。ホブハウス氏と息子さんが住んでいるのでしょうか。引き返そうとしたとたん、庭師が細い道を指さします。その方角へ進むと、突然目の前で明るい色彩がはじけました。朝日を受けて輝くCopper beech《カッパー ビーチ》（赤紫色の葉のぶな）と、その向うに咲く青紫のキャットミントやピンクのばらが目に飛び込んできます。誘い込まれるように歩み寄ると、そこはもう花園の中。先ほどのモノクロームのような庭とは一変して、光と精気にあふれたカラーの世界が開けたのには驚きました。

「Good morning」

ばらの花から摘みの手を止め、ぴかぴかの素顔の美しい女性が笑いかけています。道を間違えた非礼をわびていると、一輪車を押した背の高い男性が近づいてきました。二人はカナダから来たノーリ（Nori）とサンドラ（Sandra）のポープ（Pope）夫妻でした。

「私たち、一九八七年からこの庭を借りているんですよ」

仕事しながらに聞いた話は、ドラマティックなものでした。植物学者のノーリは、バンクーバーでオールドローズのナーセリーを経営していたそうです。彼が教えていた夜間の園芸クラスの受講生だったサンドラと恋におち、二人は結婚しました。

二人の夢は、いつか園芸の本場の英国に行き、かなうものなら土地を借りて庭づくりをすること。

ようやく訪れたイギリスで、彼らはすばらしい幸運に巡り合います。知人の紹介でここへきたとたん、すっかり気に入り、壁に囲まれた野菜畑と、長方形の池のある庭を含めて二エーカー（約二四〇〇坪）を借りることができたのです。しかし、状態はひどいものでした。

「なにしろ九年間もneglectされていたので、電動のこぎりで木を切ったり、絡み合ったつるや枝を落とすことから始めたんですよ」

私たちが訪ねた一九九五年は二人がスタートしてから八年目でしたが、愛されている庭は隅々まで手入れが行き届き、きびきびと働くノーリとサンドラの全身から発しているオーラのように、庭全体がなにかしら光輝いていました。

ほくほくとしたやわらかい土、きれいに剪定《せんてい》された庭木は、葉の一枚一枚まで元気そのもの。なにより感心したのは、色づかいのセンスのよさです。

特に周囲が約七〇〇メートルもある楕円形のウォールドガーデンは、ガートルード・ジェークルの色彩計画を基に、花や葉でスペクトラム（分光器を通過した光が波長の順に配列されること）を表現し、まるで壁に描いた絵巻物のようです。カーブした壁に沿って、真紅から緋色、薄紫、青、緑、黄色と、順番に色が重なり合いながら広がっていくのです。赤といっても黒に近いようなコスモスになでしこ、立ちあおいなども珍しい色ですし、ブルーでも、コリダリスのすみれ色がかった青もあれば、碧玉のように澄んだ青のデルフィニウムもあります。

それにしても、なぜ青系統の色がこんなに深く美しいのでしょう。壁の内側にある野菜畑やプールガーデンの上に植えられたキャットミントは、わが家にもある*Six*《シックス》 *Hills*《ヒルズ》 *Giant*《ジャイアント》ですが、これより淡い色にしかなりません。この青い花色をめぐる学説は昔から学者の間でさかんに研究と論争が続いているのに、これといった説はまだないようです。

ただし青の色が強く出るのは、花の中に含まれているアントシアンという色素がアルカリと作用し合った場合だそうで、イギリスの石灰質土壌が深く関係しているものと思われます。また、アントシアンは温度が高すぎるとピンク系に傾きやすいといいますから、朝夕の温度差が大きく、真夏でもそう暑くないこの地では、花色がよりいっそうさえるのでしょう。

「このキッチンガーデンは、ハーブと野菜を混植しているから、消毒は全然していないのよ」

広々としたスペースにコンパニオン・プランティングで育てた野菜のおいしそうなこと。ノーリがイタリアの古い修道院からもらったという、いかにもオールドファッションのレタスもみずみずしく育っています。

「私は最初、園芸もデザインも初心者だったんです。でも、ここで夫であり師であるノーリに初歩から教わったおかげで、今は楽しくてならないわ」

「いや、サンドラは実力があるし、センスがずば抜けていい。私の生徒の中の優等生だ」

夫婦でお互いを認め合い尊敬し合いながらつくる庭には、幸せな空気が漂っています。今やサンドラは注目される女流園芸家としてBBC放送のテレビや雑誌に紹介され、ナーセリーも順調にいっています。

夢を夢で終わらせなかった二人。そしてこの庭を再びよみがえらせた二人は、輝いて見えました。

自然を友とする暮しから庭づくり

パム・ルイス

スティッキー・ウィケット

スティッキー・ウィケット（Sticky Wicket）とは、クリケット用語で「やっかいな状況にある」という意味です。

「ぜひ行ってごらんなさいよ。そしたらその由来もわかるわ。パム（Pam）とピーター（Peter）の庭はまさにユニークなの」

サンドラ・ポープに教えてもらったルイス（Lewis）夫妻の庭は、ドーセット州の田園地帯にありました。開放的な門から入るとすぐにこぢんまりした家があり、左へ曲がる道は、黄色の花や斑《ふ》入り葉の色彩計画《カラースキム》がみごとです。右手の広々とした前庭は、三重の同心円に、中央から放射状の道をつけた、今まで見たこともない花壇。しかも植栽された植物の花や葉の色が、流れるようなグラデーションなのです。青から水色、クリーム色、さんご色、淡いピンク、ばら色、パープル、青とパステルカラーで一周させたアイディアは、むむ、ただ者ではない。

「二人で、自然を友とした暮しがしたくて、一九八七年に、この一・五エーカー（約一八〇〇坪）の土地を求めたのよ。でもここは、stickyな（にちゃにちゃした）ひどい粘土質で、何度も掘り返しては大量の堆肥と馬糞を入れて土壌改良をしたんです」

この初心を大切にしたくて、二人はこの名前をつけたのでした。家の裏手のハーバルタピストリー（Herbal tapestry）は、さらに手の込んだデザインです。芝生の中にはめ込まれた花びらの形をしたスペースは、草丈のごく低いピンクの濃淡の植物でつづれ織りのように覆われています。しかも、雑草は一本もありません。

「それはね、まずこのデザインの上にグラヴェル（砂利）を敷いて、その上から透水性のシートをかぶせるんです。次に植え場所をカッターナイフで切って、砂利をそっとかき分け、苗を植えつけるの。そしてまた砂利を株元までかき寄せておく。こうすれば、水は透過しても土が露出しないから、雑草が生えないわけなの」

パムとピーターは、飼っているやぎと鶏からミルクや肥料をもらい、蝶や小鳥を招いて受粉や害虫駆除を行なっています。一本一本の草花に愛情をかけて観察したからこそ、花の色や表情をこんなに上手に生かした庭づくりができたのでしょう。サンドラが熱心にすすめてくれた意味がよくわかりました。

上　淡いピンクからワインレッドまでの花が咲くハーブや草花を、極上のつづれ織りのように植えこんだハーバルタペストリー。ハートの形がおしゃれ。
下　洋種風露草の*Geranium*《ゼラニウム》 *sanguineum*《サンギネウム》 *var. striatum*《ストリアツム》。ソフトな色合いと美しい切れこみの葉に特徴があり、日本でも育てやすい。

カラースキムの研究

庭のセンスを左右する条件の一つに植物の色づかいがあります。いくら立派で美しい花が咲いても、周囲との色の調和が悪ければ、見栄えがしないばかりでなく、雰囲気を台なしにしてしまうことさえおこります。ガートルード・ジェークルが提案したColour《カラー》 Scheme《スキム》（色彩計画）をヒントに、色について考えてみましょう。

同じ花を用いても反対色（左）と同系色（右）の組み合わせで感じが変わる。

色が与える感覚は、人間の心理や感情に大きく作用します。洋服を選ぶときや室内装飾の色を決めるときと同じように、庭のイメージも、花や葉の色の選び方、色の組合せでずいぶん変わってくるものです。自分が意図した庭を色彩的に表現するには、まずスペクトラムの色相環（Colour《カラー》 wheel《ホイール》）を作ってください。円を一二等分し、上から時計回りに、赤、レッドオレンジ、オレンジ、イエローオレンジ、黄、黄緑、緑、青緑、青、青紫、紫、赤紫を塗ります。

この色相環を手もとにおいて、花の色を選ぶときに、役立ててみましょう。たとえば、前のページ右のように、色相環に近い位置の同系色（青紫と赤紫）を使うと、穏やかでやさしい雰囲気の庭になります。ところが、左のように、色相環で反対側に位置する色どうしの、黄色と紫などを合わせると、こんなにインパクトの強い印象を与えるのです。どちらも、ローズマリー・ヴェアリー夫人がデザインした、バーンズリー・ハウスの春の庭で撮影しました。

白

白は神秘的な色です。光線を受けた明るい場所では輝くような強い色になり、かげりのある日ざしの下では灰色に見えます。また、純白は、他のどんな色とも妥協しないので、使い方が特に難しい色といえましょう。このような白い花ばかりを集め、かえって強烈な個性を表現した例が、シッシングハースト・キャッスル・ガーデンにあるホワイトガーデン（六四ページ参照）です。

ただし、白といってもクリーム色がかった白、青みがかった白、ピンク味の白と多様ですし、花の形も一重、八重、穂咲き、房咲き、小花のマッスなどと変化に富み、庭に豊かな表情を与えています。

また、同じような明度の白花が連続する場合や、緑の葉と白花のコントラストが強い場所では、銀色の葉の植物を配して対比をコントロールするテクニックなども、学びたいところです。

シッシングハーストのホワイトガーデンの中央の白いばら。花にはバナナの香りがあり、常緑性の枝は４～５ｍにも伸びる。

上左　*Dianthus*《ダイアンサス》 *'Mrs.*《ミセス》 *Sinkins'*《シンキンス》はオールドファッションのカーネーションで、スパイシーなクローブの香りが特に強い。英国人の好きな花の一つだという。
上右　1947年作出の、*White*《ホワイト》 *wings*《ウイングス》。ハイブリッド・ティー系のばらで微香性。
下左　オピウムポピー（あへんげし）の白。近縁種が円山応挙の絵にも描かれ、純白の花に銀緑色の葉も魅力。ただし、日本では栽培禁止。
下右　*Digitalis*《ジギタリス》 *purpurea*《プルプレア》 *f. alba*《アルバ》、英名フォックスグローブの白花。ヨーロッパでは、傷のなおりをよくする外用薬とされ、強心剤などにも使われてきた。

シッシングハーストのような広い庭なら、白い空間もおしゃれですが、狭い庭では不気味な感じがしたり、とってつけたような違和感があるものです。

白い花を植える場合は、大輪のばらやしゃくやくではなく、中輪や小輪の花にして、周囲に淡い水色やクリーム色、ピンクなどの花をアレンジすると、雰囲気がやさしくなり、庭になじみます。また、白でも、かすみ草やニゲラ、セラスチウム、風露草、カモミールといった、小さな花が数多く咲く種類や、白い斑入《ふい》り葉や銀色の葉は、白の強さを和らげてくれます。

庭用のテーブルや椅子も、できれば白は避けたいもの。強すぎて周囲の花と調和しないからです。逆に、暗くなりがちな木の下などには、あじさいやヘレボラス、すずらん、アスチルベといった、半日陰でも咲く白い花を植えるようにしましょう。明るい雰囲気になります。

ピンク

人の心をやさしく包みこむピンク系の花は、イギリスの庭で最も多く見る色です。次ページ上の写真のボーダーのように、ピンクの濃淡や、色相環の近い色、すなわち、赤紫や紫、青紫、青などと組み合わせると、英国調の雰囲気が演出できます。また、ピンクの濃淡と白も伝統的な色の組合せですが、この場合は白の分量を少なめに、背景にはグレーの石壁や古いれんがの壁などがよく合い、花の色が引き立ちます。ロマンティックなピンク色は、ばらの'*Fantin-Latour*'《ファンタン ラツール》や'*Ballerina*'《バレリーナ》、'*Elizabeth Harkness*'《エリザベス ハークネス》などのほか、選ぶのに悩むほど品種が数多くあります。スイートピー、アスチルベ、フロックス、タチアオイ、ユリ、ペンステモン、エリゲロン、シクラメン、カーネーション、サクラソウなどにも美しいピンク色の品種が。

上　ブロートン・キャッスルのレディの愛情がこもったピンクのボーダー。
下左　ピンクの花と白の斑入り葉が美しい*Silver*《シルバー》 *posie*《ポージー》 *thyme*《タイム》。バラエティに富んだ、種類の異なるタイムだけのカーペットもすばらしい。
下右　チコリは青い花が一般的だが、これは珍らしいピンクのチコリ。

上左　明るいミッドブルーに白い目《アイ》のある、デルフィニウムの*Blue*《ブルー》 *Nile*《ナイル》。日本でも人気のデルフィニウムだが、暖地では夏越しが困難なのが残念。
上中左　ネモフィラの、*Pennie*《ペニー》 *black*《ブラック》。面白いが個性的な色だけに、花壇で上手に使いこなすにはデザインセンスが必要だ。
上中右　私も種子から育てたことのある*Salvia*《サルビア》 *patens*《パテンス》。〝天上の青〟とはこのような色だろうか。
上右　原種の*Viola*《ヴィオラ》 *cornuta*《コルヌータ》。蝶結びのリボンを思わせる小さな花がかわいい。
下　ニゲラや風露草、アルテミシアの仲間などの銀葉植物《シルバーリーフ》が奏でる青の幻想曲。

青・紫

空や海の青、薄紫にかすむ山などと同じように、青から紫系統の花は、人々の心をしずめ、和ませてくれます。

波長の関係で、朝と夕方にはぐんと色がさえて見えるので、この色の庭は、ロマンティック好みの方におすすめ。ただし青や紫系だけではSad《サッド》 colour《カラー》（もの悲しい色調）になるので、くすんだ白や淡いピンクなどを組み合わせ、maroon《マルーン》（えび茶色）やmagenta《マゼンタ》（深紅色）などをアクセントにつかいましょう。

ブルーで真っ先に思い浮かべるのは、西洋アサガオの'*Heavenly*《ヘブンリー》 *Blue*《ブルー》'で、まさに「天上の青」の名にふさわしい清らかさです。サルビアやカンパヌラなどの品種には、青と紫の色が多くあります。ワスレナグサ、ミヤマホタルカズラ、ブルーベル、ネモフィラ、ニゲラ、アンチューサ、ラベンダー、アナガリス、トレニア、ベロニカ、ビオラ、アゲラタム、ツユクサ、ロベリア、ボリジなども。

黄

黄色は、落ち込んだ気分を高揚させたり、元気づける力を秘めています。しかし、光線が弱い春や秋には黄色が好ましく感じられても、日ざしが強い夏には花色と陰の部分のコントラストが過激になります。淡いクリーム色の小花や緑の葉を近くに植え、色調を和らげるといいでしょう。

イギリスでは黄色や黄色い斑入りの葉の植物が大人気で、花と同様に植えていますが、日本では夏の暑さで色が消えてしまうことがよくあります。

春一番に咲くマンサクにサンシュユ、ミツマタ、レンギョウ、ウンナンオウバイ、ミモザ、ソケイなどのように、黄色の花の咲く木は意外に多いもの。黄色い花ではチューリップの‘*West Point*《ウエスト ポイント》’や‘*Bellona*《ベローナ》’、‘*Maja*《マハ》’などが有名で、スイセンやヒマワリ、ヘメロカリス、マリーゴールドなどにも個性的な品種が数多くあります。

上左　ラベンダーの*Viridis*《ヴィリディス》は葉が黄緑色で苞葉がライムグリーン。
上右　黄金色の葉とルピナスの花穂が作るみごとな調和の空間。
下左　イネ科のイエローリーフをアクセントにきかせた、スティッキー・ウィケットの庭。手前左は黄色い葉のしもつけ草。
下右　イエローガーデンに欠かせないアルケミラモリス。葉も美しく、グランドカバーやボーダーの縁取りによく使われる。

赤

ジェークルが得意とした、燃えるような赤系統の、ホットカラーボーダーからは、強烈な印象を受けます。しかし、家庭的な庭で赤を多くつかう場合は注意が必要です。なぜなら、この色には火災や赤信号、血液など、危険を暗示する潜在意識があるため、広い面積につかうと心が安らぎません。その場合、点々と咲く赤い小花を混ぜたり、暗紫色の花や葉をもつ植物と組み合わせると落ち着いた雰囲気になります。

ばらには赤い花の品種が多く、大輪の‘*Crimson*《クリムソン》 *Glory*《グローリー》’、濃赤色のつるばらの‘*Guinée*《ギネ》’、イングリッシュローズの‘*Tess*《テス》 *of*《オブ》 *the*《ザ》 *Durbervilles*《ダーバビルズ》’などに人気があります。同じくチューリップやベゴニア、ゼラニューム、ヒナゲシ、ガーベラ、カンナ、ペチュニア、インパチエンス、フクシャ、ケイトウ、ダリア、ヒヤクニチソウなどにも多いのが、赤い色の花です。

上左　日本では鬼げしと呼んでいる、華やかなオリエンタルポピー。
上右　今まではなかった百日草のような人目をひく八重咲きのナスタチューム。最近は日本でも入手できるようになった。
下左　ペンステモンは野生種も園芸種も多い。このPenstemon《ペンステモン》 'Garnet'《ガーネット》は、草丈が75cm。燃えるような色でボーダーの中ほどにまとめて植えるとみごと。
下右　英国ではフクシャをフューシャと発音する。妖しいまでに濃艶な色のオピウムポピーとの組合せはウィリアム・モリスのデザインを思わせる。

上左　イネ科の草（グラス）は、日本人にはともすると雑草に見えるが、イギリスやアメリカではたいへん人気がある。のびやかな線が美しい。
上右　デリケートな色の苞と花が美しいオレガノの変種。
下左　ポンポン状に咲く白花のタイムの*Thymus*《タイムス》 *mastichina*《マスティキナ》。
下右　黄色い染料になる、珍しい、野生種の*Reseda*《レセダ》 *lutea*《ルテア》。近縁種の*R. odorata*《オドラータ》は英名を*Mignonette*《ミニョネット》、和名を木犀草といい、小さな円錐形の花が愛らしい。私も、木犀に似た香りと淡黄緑色のこの花が好きで、毎年植えている。

緑

庭の中で最も大きなスペースを占めるのが、平和と自然の象徴ともいえる緑色です。特にストレスの多い現代社会では、緑色が神経を和ませ、癒すことから、All《オール》 green《グリーン》 garden《ガーデン》という緑色の庭も人気です。ひと口に緑といっても、色相環のほとんどすべてを含む微妙な色があり、葉の形や質感、光線などでさらに変化します。花の色と、センスよく組み合わせてみましょう。

緑色系の花には淡い緑色のヤコウボクやキブシ、珍しい緑色のばら*Rosa*《ロサ》 *chinensis*《キネンシス》 *viridiflora*《ビリディフローラ》や、黄緑色の花の*Alchemilla*《アルケミラ》 *mollis*《モリス》（レディスマントル）、緑色の花の*Nicotiana*《ニコチアナ》 *langsdorfii*《ラングスドルフユー》（ハナタバコ）、ヒャクニチソウの'*Zinnia*《ジニーア》 *Envy*《エンビィ》'などがあり、いずれもフラワーアレンジメントに使いたいユニークな花色ばかりです。

Column

変わり葉の効果

　イギリスの庭では、葉色の変わった植物を実にたくみに使っている。明るい黄色の葉をもつ植物は*golden*《ゴールデン》や*aureum*《オーレウム》と呼ばれ、また、*copper*《カッパー》（銅色）と呼ばれるワインレッドの葉も、樹木や草花に数多く見られる。

　しかし、なんといってもいちばん多いのは、*Variegation*《ヴァリゲーション》（斑入《ふい》り）の植物だ。花水木から柾《まさき》、月桂樹、山吹に青木、藤、たらの木、ばら、桜、ぎぼうし、栗など、例をあげたらきりがない。バーンズリー・ハウスに住むローズマリー・ヴェアリー夫人の菜園《ポタジエ》では、いちごやキャベツまで斑入りなのには驚いてしまった。

　斑入りとは、葉の本来の色とは異なる色が、斑《まだら》や点、縞、縁取りなどの形であらわれた葉のこと。なんらかの原因で、葉に葉緑素がなかったり、不足したりすると、部分的に黄色や白になる。斑入りはハーブや草花、樹木、球根類、グラス類など、非常に幅広い植物にあらわれる。イギリスの園芸店などでは、そういった植物の特別コーナーを設けているほどだ。

　サイオンパークの園芸展で、熱心に斑入りのブッドレアの品定めをしていた婦人に、その魅力をきいてみた。

「斑入りの葉は美しいから、花のない時期も華やかで楽しいんです。うちにはにわとこやゆりの木、ひいらぎなどの斑入りがありますが、使いすぎは野暮だから気をつけています」

　別の婦人は、

「うちでは木陰に、斑入りのぎぼうしや踊り子草、富貴草を植えて、明るい感じを出しているわ。濃い色の植込みや花壇に植えるとやさしい感じになりますよ」

　イギリスのこうした植物は、日本から渡ったものが多い。本家ともいえるわが国では、江戸時代の『草木錦葉集《そうもくきんようしゅう》』によると、なんと約八〇〇種もの斑入り植物があったという。

　ひと口に斑入りといってもさまざまな型がある。江戸時代から今なお使われている名称にも風情があるので、ご紹介しよう。

　緑一色の葉は、無地、あるいは青《あお》。

　反対に、葉が真っ白や黄色にな

ったものを、うぶ、または幽霊という。斑の入り方で呼び方も変わり、外斑《そとふ》（葉の縁）、中斑《なかふ》、内斑《うちふ》（葉の中央）、散り斑《ちふ》（全体に点々と斑が入る）、源平斑《げんぺいふ》（葉の半分が無地）、あけぼの斑（境界がぼやけた白い斑）、虎斑《とらふ》（境界がはっきりした斑点状の斑）などが、代表的だ。

　私たちももう一度、斑入り植物に目を向けて、魅力を探ってみたいものである。

上　葉の半分ほどが黄色いオレガノの品種。木洩れ日が踊っているように見える。

中上　マリア伝説を秘めた *Silybum*《シリブム》 *marianum*《マリアヌム》。白い網目模様が美しい。草丈150cm。

中下　ライムグリーンの斑が美しいタイムの品種。こんもりとした形に育つ。

下　クリーム色の斑が入ったルゥ。レモンイエローの花が咲くと、より華やかに。

ブロートン・キャッスルのクールボーダー。黄色と紫の補色のコンビネーションだが、黄色の明度が高く、色相環で紫の両側にある赤紫と青紫を用い、無彩色の白を加えると、このような寒色系《クール》の花壇になる。

補色の色合せ

色相環で、ちょうど反対側にある色どうしを、Complementary《コンプリメンタリー》 colour《カラー》（補色）といいます。黄色と紫、赤と緑、オレンジ色と青の組合せが補色で、どちらも主張の強い色のため、明度や彩度、つかう面積のバランスがよいときは、インパクトの強いヴィヴィッドな印象を与えます。しかし、逆の場合は薄汚れた、さえない色に見えがちなので、要注意の色づかいといえましょう。

無難なつかい方は、どちらか一色を主《メイン》にして面積や分量を多くし、もう一色を副《サブ》として控えめにすると、個性は薄くなるものの、落ち着いたムードになります。あるいはメインの色を、明度や彩度を変えて何種類かつかったり、色相環で隣の一色を少しだけ加えると、さらに印象が和らいできます。補色の中でも、特に紫と黄色をセンスよくつかえたら、上級クラスです。

混色のテクニック

「あれも植えたい」「これもいいな」とばかりに、なんでも植えてしまう人が多いようです。こうしたいわゆる〝混植〟の庭も、色の交通整理をすると、ずいぶんスマートになるもの。そのポイントは、どんな色でもOKというわけではなく、せいぜい基本とする色の、色相環の両隣と、無彩色程度を組み合わせることです。たとえば、赤を基調色とした場合、両隣が紫とオレンジ色になります。つまり青紫、紫、赤紫、赤、赤みのオレンジ、オレンジ色までのグラデーションには、赤が全部含まれているので、多彩な色づかいに見えても統一感があります。また、どうしても多くの花色をつかいたいときは、同じ明度の色を組み合わせると対比が弱まり、穏やかになります。なお、大きな花や背の高い花は、鮮やかな色を避けて中間色を選びましょう。

いずれの場合も銀色がかった葉をもつ植物を組み合わせると、心和む庭になります。

上　サフォーク州にあるウィッケン・ホールを彩る、カラフルな庭。アメリカ人の陽気なレディ・キースがつくった庭は、明るい色づかいが印象的だった。
下　ブロートン・キャッスルのレディスガーデンは、色相環で紫の両側の色を用い、オフホワイトをプラス、抒情的感じを演出している。

庭のある豊かな暮し

庭仕事の楽しみは、庭の大小や花のコレクションの数などにはまったく関係がありません。英国の人々は、庭で過ごす時間を人生の貴重な一部と考え、自分流のスタイルで庭を愛しています。

独創的な園芸を楽しむ陶芸家のメアリー・ヴァンドラッシュさん。

ウィットに富んだ庭を楽しむ陶芸家

メアリー・ヴァンドラッシュさん

「おはよう、やっぱりいらしたわね」

私たちの車が駐車場に入るなり、白髪の婦人が、両手を広げた歓迎のゼスチュアで近づいてきました。

サリー州のさる名園を訪ねた一九九五年の夏のこと。助手席で地図をにらみながらナビゲーターをしていた私の目が、一瞬、街路樹に打ちつけた手がきの看板を見つけました。

「Pottery」(ポッタリー)と読めます。

まあ、陶器の窯元がこの近くにあるんだわ。二人とも結婚当初から焼き物のコレクションをしているので、興味津々ですが、三時にアポイントをとってあるため、帰り道に寄ることにしました。

夕暮れどき、街道脇から矢印に導かれてたどりついたポッタリーは、思いがけないほどユニークなたたずまいです。小さな小さな展示ショップの右奥には、赤いつるばらが絡みつく古いコテイジがあり、屋根や塀の上には陶製の猫や鶏が気ままに遊んでいるではありませんか。ところどころに置かれている植木鉢も、今まで見てきたいわゆる英国調のアレンジメントとはまるで違い、じつに独特な創意工夫に満ちています。ショップをのぞき込むと、何焼きというのでしょうか、地中海沿岸地方を思わせるような明るく楽しげな作風の皿や小物が見えます。

チャイムを鳴らしてみましたが、どうやら留守のよう……。立ち去り難い思いでたたずんでいたら、赤い車が門から入ってきました。来意を告げると、秘書と名のるその婦人は、

「彼女は外出中ですが、明日は一日中このアトリエで制作している予定ですよ」

とうとう近くのB&B（Bed & Breakfast＝朝食つきの民宿）に泊まった私たちは、再びポッタリーを訪ねたのでした。

「日本には伝統的なすばらしい陶磁器がたくさんありますが、私が制作していることのスリップウェア（Slip ware）をご存じかしら」

メアリー・ヴァンドラッシュ（Mary Wondrausch）さんは、こう言いながらアトリエへ案内し、作品の数々を見せてくれました。スリップというのは、粘土と水を混ぜた液体のことで、専門用語で「泥漿《でいしょう》」というそうですが、一度釉薬《ゆうやく》をかけてから

上　テーブルの上には、庭のグーズベリーにルバーブ、さっき焼いたばかりのパンも……。芸術家のキッチンは豊かで美しく、そのうえ居心地がいい。
右　物置のくぐり戸から鶏が「やあ、いらっしゃい」。
左　アンティークのじょうろで作った滝のオブジェ。見ているだけで水の音としぶきを感じるから不思議だ。メアリーさんの独創的発想に、ただただ脱帽。

一〇〇〇度前後で焼いた素地に、さまざまな技法とスリップで模様をつけ、もう一度焼いて完成という、たいへん手の込んだ焼き物です。第一印象で感じたように、源流は古代ギリシアやローマ、エジプトなどの地中海沿岸地方で、イギリスへはローマ帝国に支配されていた五世紀までの間に伝わったとか。のびのびとした絵付けがビザンチン芸術を思わせるのも、ルーツのせいなのでしょう。

解説を聞きながらも、私は庭のほうが気になってしかたがありません。中庭以外にも、ちらりと見えた母屋のほうは、もっと広い庭がありそうなのです。

「まあまあ、あなたは私の庭に興味があるようね。それじゃ一緒に庭からハーブを摘んできて、ハーブティーをいれましょうかね」

赤いばらが壁を伝わって咲く道から裏庭へ出ると、気持ちのいい空間がありました。わざと牧草を刈り残した部分に一筋の道をつけ、牧場との境界に、さんざしやにわとこが咲く生け垣《ヘッジロウ》を残しています。

なんと、芝生の中にはれんがを組んだ扇形のハーブガーデンがありました。駆け寄って香りを確かめている私を見て、メアリーさんは、

「私は今まで、日本人にはハーブのことなどわからないと思っていましたよ。でも、学名まで言えるほどあなたは本当に好きなのねえ。気に入りましたよ」

と笑っています。

レモンバームとディルをむぞうさにアルミポットに入れたお茶に、気分がゆったりとし、それまでよりも話がすすみ、ぐんと親しくなりました。

「私の夫はポーランド人だから、変わった姓でしょう？　でも早く亡くなったので、子供たちを育てるのにたいへん苦労しましたよ。この仕事のおかげで教育費も生活費もなんとかなったので、手に職をもつということはありがたいとつくづく思っているわ」

子供たちが食べ盛りで家の中が活気に満ちていたころは、ハーブガーデンも大きかったそうです。けれども、ひとり住いになってハーブの使用量も減り、年をとるにつれて庭の手入れもたいへんになることを考え、思い切って小さくしたそうです。

「好きなハーブ、よく使うハーブに絞り込むと、数は少なくてすむし、れんがを敷いたので雑草取りからも解放されたわ。もちろん私のデザインよ。ほら、ここは腰かけにしたので、疲れたらいつでも腰を下ろせるのよ」

すっかり打ちとけたメアリーさんは、家の内外の楽しいアイディアの数々を見せてくれました。物置のドアに描いた鶏、アンティークの西洋式便器にペイントしたおしゃれな花台、台風で倒れた大きな木の根に彩色したオブジェなど、数えきれません。

　圧巻は、じょうろでデザインした滝です。実用品を使って、いかにも水音が聞こえそうなアートを作るとは、並の芸術家ではありません。

　帰国してから彼女の著書や活動を知ったのですが、知る人ぞ知る、彼女はたいへん著名な陶芸作家で、国際陶芸フェスティバルで、スリップウェアについて講演をするほどの方だったのです。

　その後文通が続き、翌一九九六年の初夏に、私たちはまたポッタリーを訪ねました。息がつまるほどの抱擁とキスを受けて、霧雨にけぶる庭へ出ましたが、またまた庭の感じが変わっています。

「あなたに見せたくて、ほら、ここに白ばらのアーチを作ったのよ。ホワイトガーデンを制作中なの」

　それにしても、メアリーさんほど生活のすべてを楽しんでいる人がいるでしょうか。彼女の手にかかると、古い不便な台所もこのうえなく居心地よく、ちょっとした壁のくぼみもサンルームになってしまいます。しかも全部手作りで、ほとんどが廃物利用。

「庭づくりもそうだけど、完成までのプロセスがおもしろいの。だから私は、陶芸も家事も子育ても、みんな楽しんでいるというわけ」

キャンドルを灯した台所で、ディナーが始まりました。娘のクラウディアさんが孫たちを連れて里帰りをしており、近所に住む、歴史学者と園芸家のご夫妻もシャンペン持参でテーブルに加わりました。

出会いとは不思議なものです。あのとき私が看板を見落としたら、あるいは帰り道に寄ってもあきらめてしまったら、そして庭に興味を示さなかったら、今宵のディナーはありません。

暖炉の前に席をかえてからも、ハーブや草花の話に花が咲きました。

植物を愛し自ら庭を創る庭園写真家

アンドリュー・ローソンさん

「庭の広さ？　三分の一エーカー（約四〇〇坪）ぐらいかな。このオックスフォード郊外では狭いほうなので、ちょっとトリックを使って広く見せているんです」

有名な庭園写真家のアンドリュー・ローソン（Andrew Lawson）氏は、ちゃめっけのある表情で、庭を指さしました。長方形の庭にもっと奥行きを出すために、彼が考え出したフォールス・パースペクティブ（ごまかし遠近法）とは、壁面に取りつけた縦組みのトレリスの間隔を、奥へ行くにつれて少しずつ狭くしてあるのです。

それに、隣の庭を借景にした西洋ぼだい樹の並木や、枕木をピラミッド形に組んだ高山植物のコーナー、秘密の野菜畑なども、じつにユニークです。

ローソン夫妻が二人の娘とともに、ゴシックハウスと呼ばれるこの古い家へ越してきたのは、一五年前のことでした。果樹園だった庭は荒れほうだいで、ひどく傷んでいた家屋も含めて、大修理に三年かかったそうです。庭のフォーカルポイント（焦点）になっている大きなりんごの木は、当時の木を残したものとか。

シンボルツリーの古いりんごの木の下に咲く、パステルカラーがやさしいスパニッシュブルーベルの花。私の庭では4月中旬に開花する。

絵画を専攻したアンドリュー氏と、彫刻家のブライオニー夫人の芸術的なセンスがとけ合った庭はここちよい色づかいに包まれ、夫人の作品が庭のあちこちで草花としっくりとけ合っているのが印象的でした。ほっそりとした裸像が野菜畑にたたずみ、抽象的なオブジェが茂みの中にうずくまっていても違和感がないのです。

りんごの木の横にあるアトリエは昔の馬小屋を改造したもので、クレマチス・モンタナ'ルーベンス'が甘いバニラの香りを漂わせています。あいにく夫人は外出中でしたが、作品を見せていただいているうちに、この庭全体が夫人の展示場でもあり、アンドリュー氏のスタジオでもあることがしだいにわかってきました。彼は庭づくりを楽しみながら、四季おりおりの光景を撮影し、作品として発表します。

「うちでも、私がハーブや草花の庭をつくり、やはり写真家の夫が撮影します。二人で作る本が作品なんですよ」

緑の芝生で私たち夫婦は、少々違いはあるものの共通点の多い庭のある生活についてアンドリュー氏と語り合いました。この芝生で幼いころによく遊び、庭仕事の手伝いをしたカリーナとスージーも、もう立派なレディに成長したそうです。

「今度いらっしゃるときは、庭ががらりと変わっているかもしれませんよ。芝生でなくグラヴェル（砂利）にして……。いやいや、後はお楽しみに」

家庭を美味しい香りで満たすハーブ研究家

キャロライン・ホームズさん

　季節が変わるたびに、心待ちにしているイギリスからの航空便があります。それは私が永久会員になっている英国のハーブ協会（The Herb Society）の季刊誌『Herbs』です。メンバーになった二〇年近く前から送られてくるこの会報は、一時サイズが小さくなり、内容にも活気が感じられない時期がありました。

　ところが、友人のキャロライン・ホームズ（Caroline Holmes）さんがハーブ協会の会長になってからは、判型が大きくなっただけでなく、興味のある企画や活動状況が盛りだくさん。そう、彼女は、何事にも情熱的に取り組むタイプなのです。

　私がキャロラインさんを知ったのは、一九九〇年の夏でした。プラントハンターで名高いトラディスカント父子の墓所がある庭園史博物館の情報コーナーで、〃Cordon vert《コルドン・ヴェール》〃というパンフレットが目に留まったのです。？　？　？　Cordon bleu《コルドン・ブリュー》は一流シェフも修業する、フランスの有名な料理学校ですが、コルドン・ヴェールなどは聞いたことがありません。

上　整形式ハーブガーデン。５年の間にすてきな庭に。オールドローズやオピウムポピーが７月の夕べを彩っていた。
下　たそがれの光の中で囲む、ハーバル・ディナー。

料理に使うたびにハーブを摘むキャロラインさん。後方の黄緑色の花はパセリ。
冬も利用するのでビニールハウスに植えたら、こぼれ種子でパセリ畑（?）に。

コルドン・ブリューの本来の意味は、ブルボン王朝の青い（bleu）綬賞（Cordon）だから、vert（緑）の勲章とは何のことかしら……。

思わず手に取って中を開いてみると、ハーブを使った料理の講習案内でした。「緑」のフランス語に、新鮮なハーブの香りを連想させ、しかもあの有名校をもじったクラスのネーミングとは、なんとウィットに富んだアイディアでしょう。私はイギリスに滞在中にぜひ一度、このキャロライン・ホームズさんのクラスに出席してみたいと思いました。スケジュール表を見たところ、数日後にロンドンの南西に位置するファーナム（Farnham）でレクチュアがあります。そこで夫と私は滞在計画を立て直し、彼女のクラスに出席することにしました。

探し当てたファーナムのレッスン会場は、町の公会堂の二階でした。ちょうど大きなハーブ・フェスティバルの開催中で、〝Cordon vert〟のコーナーは椅子が足りないほどの超満員。テーマは「夏のサラダ・ハーブの上手な使い方」です。

キャロラインさんは、イギリス人というよりフランス人の雰囲気をもつ、まとめ髪の似合う優雅な面だちの婦人でした。けれども、バスケットから手際よくチャービルやロケットなどのハーブを取り出して、料理のヒントやこつを次々に紹介する様子は、いかにも活動的なキャリアウーマンの感じです。レッスン終了後に自己紹介を兼ねてハーブ協会の日本人メンバーであることを告げると、「まあ、あなただったのね。熱心な会員がいることは聞いていたけれど、ここでお会いできてうれしいわ。よかったら、ディナーをご一緒したいので、サフォーク州のわが家へいかが?」と、願ってもないお誘いです。

数日後、夕風の立ち始めた時刻に、私たち夫婦は、「Caroline Holmes Herbs」という小さな看板のあるコテイジを訪ねました。ちょうど前庭にボックス(西洋つげ)の苗を植えて、ノットガーデンをつくっているところでしたが、五年後にみごとに完成したのが一五二頁上の写真です。この愛らしい家は四五〇年前の農家だそうで、ホームズ夫妻は住みながら少しずつ修理をしてきました。ところどころにむき出しの壁や配線が見えても、「気に入った部材を入手できるまでは、妥協したり急がずにゆっくりと直しますよ。庭づくりも同時進行でね」と、こともなげです。

明るいうちに、夕食のハーブを庭から摘んで準備をするというので、裏庭《バックヤード》へ回りました。整地をせずに、古い果樹園も求めたときそのままというバックヤードには、りんごの大木が何本もあり、生食のほか、ジャムやジュース、シードルと呼ぶりんご酒を作っても、まだ余るとか。

キャロラインさんはこの裏庭とグリーンハウス(温室)で、二〇〇種を超すハーブを栽培しており、訪ねてくる人にわけたり、カタログ販売もしています。驚いたことに、このあたりではバジルも、レモングラスやレモンバビーナなどと共に温室に入っています。

「最も暑い七月中旬でも?」

と質問すると、さすがに霜が降りることはないけれど、朝や夜中は気温が一〇度以下になることもあって、生長がはかばかしくないというのです。かえって日本の暑さをうらやましがられて、嫌っていた猛暑の長所に、改めて気づいた私でした。

第一印象で彼女にフランス的なものを感じたのは正解で、大好きなフランスから強い影響を受けているとのことです。母親譲りの料理は、ハーブを多く使うのが特徴で、自宅で教えるほか、近くの大学や教会で行なう講座ももち、各地の出張講習も続けています。フランス語もたんのうなので、

「毎年のように、夏になるとハーブ料理のフランス・ツアーを企画しているのよ」

庭のあちこちではさみを動かしながら語る彼女の日常生活は、まさにハーブ一色。ボリジやナスタチューム、バジル、フェンネルなどでいっぱいになったバスケットを手に家に戻ると、夕日がさし込む台所で料理が始まりました。

今晩の献立は、ハーバルブレッドに、アボカド入りのハーブサラダ、ハーブ風味

のマッシュルームのソテーにチーズの盛合せ。

いずれも作り方は簡単で、思ったよりもハーブの分量が多く使われているのにびっくりしました。今まで招待されたイギリスの家庭では、こんなにダイナミックな使い方はまれなほうです。

たとえば美しく盛り合わせたハーブのサラダには、ちぎったレタスやレッドチコリと同じぐらいさまざまなハーブが入っていました。スイートバジルに花つきのタイム、チャイブ、ゴールデンオレガノ、フェンネルの葉、ボリジと、ほぐしたチャイブの花などが、美しいペーズリー模様のようです。普通、これだけハーブが多いと、くせが強すぎて食べにくいものなのに、キャロラインさんの腕にかかると、マイルドでおしゃれな味になるのはなぜでしょう。味をみながら、きいてみました。

「そうね。私の使い方は、一般のイギリス人とは違うかもしれませんね。フランス流の技とセンスが入っているのよ。このサラダのポイントは、アボカドと極上のオリーブ油が、ハーブの個性を和らげて、リエゾン（つなぐ）するのに役立っているわけ。それとハーブをはさみを使わずにていねいに指でちぎり、しっかり水気をきるのもたいせつな下準備ですね」

イギリスでは八時半でも、まだ明るさが残っています。窓の外ではクロウタドリが夜の歌をうたい始め、ディナーが始まりました。ご主人のデヴィッドさんは、テレビ俳優で、ケンブリッジにアンティークのお店も開いているそうです。道理で居間や二階の書斎にあった書籍やグラス類、陶器に家具類もじつに雰囲気があって、調和しています。この夜のカトラリーセットも、古びたケースに入ったクラシックなものを、たいせつそうに奥のほうから取り出して、並べてくれました。

ディナーが進むにつれて、夕闇が少しずつ迫ってきましたが、電灯をつけずにデイムライト（薄明り）のもとでいただいた食後酒が、懐かしい思い出です。

五年後の一九九五年、再び訪ねたホームズ家は、すっかり修理も終え、坊やたちは小さなジェントルマンに成長していました。夕暮れどきにりんごの木の下で、ハーブ協会の有力メンバーたちとのパーティを開いていただいたり、ヘルミンガム・ホールでピクニックをしたり、ハーブを通じての交流も深まっていきます。

一九九六年の五月には、チェルシーのフラワーショーで、キャロラインさんとばったり出会いました。約束していてもあの混雑の中ではなかなか会えないのに、不思議というほかありません。『Herbs』もそろそろ届くころ。彼女が書いている、「Chairman's《チェアマンズ》 report《リポート》」のページが楽しみです。

つねに努力を重ね前進するハーブ写真家

デニ・バウンさん

私は、デニ・バウン（Deni Bown）著の『ENCYCLOPEDIA of HERBS & THEIR USES』（ハーブ大百科）を、全部で三冊持っています。一冊は著者からサイン入りで贈られたもの、そしてアメリカ版と日本語版ですが、一〇〇〇種を超える植物と一五〇〇枚以上の写真で構成したこの大著が完成するまでには、どれほどの時間と努力を費やしたことでしょう。

一九九五年の夏にお会いしたとき、「ようやく最終校了までこぎつけたのよ。長い道のりだったわ」と、ほっとした表情でつぶやいた声が、懐かしく思い出されます。

彼女はハーブ研究家のほかに、植物学者《ボタニスト》、写真家、著述家としての肩書きをもつ、第一線で活躍中の園芸家なのです。

デニさんの家は、ロンドンから北西に位置する、ミルトンキーンズ（Milton Keynes）にあります。この地域は環境をたいせつにした新しい街づくりの、モデルケースとして注目されている新興住宅地で、屋根や建物の色はもとより、舗装部分の素材などもトータルでコーディネートされ、道路の騒音や排気ガスが住宅に届きにくい工夫がされています。ビルなどを木々の緑でうまく隠しているせいか、できたての街という感じがなく、落ち着いた雰囲気が漂っています。

三年前、夫のピーターさんと彼女は、この街が気に入って建売り住宅を求めました。不動産の仕事をしている夫もデニさんも、再婚どうしです。合わせて三人の子供たちは独立しているので、この家はスイートホームともいえましょう。

感心したのは、建物の外側や肝心な箇所はオーダーしても、内装や簡単な工事などを自分たちで少しずつ行ない、節約を心がけてきたということです。普通の主婦より何倍も忙しく、内容の濃い仕事をかかえているのに、さすが！　庭づくりも同様に、彼女は楽しみながら手をかけています。そのデザインはすっきりしたもので、前庭の芝生を広くとり、建物に沿ってカーブをつけた園路沿いに、草花やハーブが配置されていました。まだ三年目なので、それぞれが小さな株ですが、タイムやラベンダーをはじめ、どれもがしゃきっと育って元気です。

「私はホーリントン・ナーセリーで数年間働きながら、ハーブの栽培を学んだのよ。オーナーのホプキンソン（Hopkinson）夫妻には、とてもよくしていただいたわ」

ホーリントン・ナーセリー（一九四ページ参照）は、ハンプシャーにある有名なハーブ専門の種苗園です。私たちも一九八六年から何度か訪ねていますが、ご主人のサイモン（Simmon）と奥さんのジュディス（Judith）の誠実な人柄は、苗づくりにもあらわれ、珍しいハーブの同定にも定評があります。

デニさんはその後、有機農法による農場を経営したり、植物のルーツを求めて外国へ出かけたりしたそうですが、このほっそりとした肢体のどこにこれほど強いエネルギーを秘めているのでしょう。庭に植えてある植物をじっくり眺めているうちに、彼女のこれまでのキャリアが投影されていることがわかってきました。

たとえば、池の周囲に植えてある背の高いスイート・ガリンゲール（*Sweet galingale*）は学名を*Cyperus*《キペルス》 *longus*《ロンガス》というカヤツリグサ科のハーブです。昔は芳香性の強壮剤に用いられたそうですが、今は香水の原料として使われている珍種だとか。

「ジンジャー（しょうが）は珍しくないけれど、このみょうがはちょっと手に入らない、大切なオリエンタルハーブなのよ」

と、デニさんはふわふわの金髪を揺らしながら自慢のみょうがを指さします。今彼女が植えてみたい日本のハーブは、*Wasabia*《ワサビア》 *japonica*《ジャポニカ》（わさび）です。しかし水温一五度の清流で管理しなければならないことを話すと、しきりに残念がっていました。

隣家に接するゴールデンボーダーと名づけた植込みは、黄色い斑入りや黄色い葉、黄色い花の咲く植物のコレクションです。

デニさんの著書『Ornamental HERBS for your GARDEN』（あなたの庭の観賞用ハーブ）は、実用ばかりでなく庭のアクセントとしても価値あるハーブをテーマにした本ですが、このボーダーに植えられた植物がまさしくこれ。黄色い葉のホップが木製の塀をはいのぼって輝き、レモン色の葉をもつペラルゴニウムが足もとを明るく彩ります。

「大きな仕事が終わったので、これからは庭仕事に精が出せてうれしいわ」

と、ほほえんでいたデニさんですが、またまた多忙の日が始まりそうです。

というのは、ハーブ協会の最新の会報で、キャロライン・ホームズさんからバトンタッチして、デニ・バウンさんが新会長になった記事を読んだからです。

一九九六年に滞在先のオックスフォードのホテルへ訪ねて来てくれたときは、「日本にぜひ行きたいのよ」と真剣な表情でした。今度は日本語版の本の発行を契機に、念願の講演旅行が実現するかもしれません。

日本食に興味をもち、みそ、さんしょう、昆布、梅干しなどを愛するデニさんが来日したら、わが家にお泊めして和風ハーブを使った家庭料理を一緒に作りたいもの。わさび田も見せてあげたいし……。なんだかその日が近いような気がします。

手前のつたは黄斑入りアイビー。奥はゴールデンホップ。

ロンドンで園芸を楽しむ音楽ジャーナリスト

ヨーコ・フォガーティさん

「靚子《せいこ》さん、教えてあげるけど、このフラットと庭は、九九年のリースなのよ。住み始めて一八年になるから、あと八一年は権利があるわけ。でも、そんなに長生きできっこないわよねえ」

友人の音楽ジャーナリスト、洋子さんは、英国人の夫、クリフォード・フォガーティ氏と、ロンドン市内のフラットに住んでいます。

フラットとは日本でいうアパートのことで、地下室つき三階建てが二軒で一棟、というスタイルが一般的です。

フォガーティ夫妻は一階と庭の半分を借りているのですが、半分といっても二〇×一〇メートルの広さですから、約六〇坪。美しい芝生の周囲をハーベイシャスボーダーで囲み、奥のほうに自分たちで組み立てたシェッド（物置小屋）があります。ばらのパーゴラの下にはシンプルなテーブル。それでも、まだまだ広い空間があります。

「イギリスってどんな苗でもすぐに入手できるからすてき。次から次へと庭仕事の夢がふくらむわ」

通訳の仕事もしている洋子さんと、公務員の夫は、休日には名園巡りをして美的感覚を養ったり、ガーデンセンターやナーセリーで苗探しをしています。

最初は土が悪くて悩みましたが、マニュア（牛糞などの有機質肥料）やコンポスト（堆肥）を混ぜるうちに、ラベンダーや金ぐさりも元気な花を咲かせるようになりました。けれども、どうしてもだめなのが青じそ。日本から新しい種子を取り寄せて苗をつくるので、大きく育つのに、あの香りが全然しないのだそうです。

「庭はもう一つのすてきな部屋だと思うわ。疲れて帰宅しても、庭に出るとリフレッシュするし、庭で飲むコーヒーやワインは、何倍もおいしいの」

ロンドン市内に無数にあるフラットの裏庭《バックヤード》では、今日も多くの家族が草花に囲まれているのでしょう。

上　ロンドン市内にあるフラットの中庭。建物の1階がフォガーティ家の住居。
下左　台所近くに置いたチャイブやソレルなどの寄植えポット。
下右　ミントを飾った夏の飲み物のPimm's《ピムス》。ボリジの花や葉を飾ることも。

青空の応接間でもてなす園芸療法研究家

トニー・ケンドル＆ジェーン・ストーンハムさん

保養地で名高いバース（Bath）は、町の半分が、登りこうばいの斜面です。園芸療法研究家のジェーン・ストーンハム（Jane Stoneham）さんと、レディング大学園芸造園学部に勤めるトニー・ケンドル（Tony Kendle）氏が住む家は、この高台にありました。

「さあ、こちらへどうぞ」

大通りに車をとめてから案内されたのは、人がやっと通れる細い道に面したかわいい家です。日本の大都市近郊によくある、三〇坪ぐらいの敷地に建つ二階建ての家は、イギリスでは珍しく小さいほうです。同じサイズの家が並んでいるのは、昔この家が馬小屋《ステイビル》だったのではないでしょうか。白い唐草模様の鉄の門を入ると、足もとには可憐なピンクの小花が咲き乱れ、真紅のオリエンタルポピーが風に揺れています。

「うちの応接間は定員二名のこの芝生なんです。日本式の座り方なら、四人でもほら、大丈夫。靴を脱いで、どうぞゆっくりくつろいでくださいね」

直径二メートルほどの円い空間に腰を下ろすと、思いがけない感じを体験しました。それまで見下ろしていた草花と目線が同じになり、野原の中にいるような錯覚を覚えるのです。

「ずいぶんいろいろな風露草をコレクションしているのね。なんだか気持ちがほっとするわ」

白やベビーピンク、マゼンタ、パープルなどの、バラエティに富んだ色の花々が肩先に届きます。

「小さな庭には小さな花を植えるとよくマッチするし、かえって庭が広く見えるものなのよ。それに、同じ植物だと管理も一緒なので、私たちのような共働きには適しているの。風露草は耐寒性で開花期間も長いし、とてもいい花だと思うわ」

風露草と同じく二人のお気に入りは、夕方からほんのりと上品な香りを漂わせる*Sweet*《スイート》 *Rocket*《ロケット》です。学名を*Hesperis*《ヘスペリス》 *matronalis*《マトロナリス》という二年草は、私の庭でも元気に育ち、淡いライラック色のほか、白やすみれ色もあります。ざらついた感じの葉には苦みがあり、ビタミンCを多量に含んでいるため、昔からドイツでは壊血病の予防として、サラダに用いていたという話を思い出しました。

それにしても、青空をバックに家の壁面を埋めつくし、屋根まで届いたつるばらの、なんとみごとなことでしょう。*Paul's*《ポールズ》 *Himalayan*《ヒマラヤン》 *Musk*《ムスク》という、六メートルにも伸びる香りのよい小輪房咲きですが、咲き始めはソフトピンクで、しだいに白く花弁が変化します。

トニーが撮影したアルバムで、ばらの生長や庭が出来上がるまでのプロセスを見ることができました。

一九八七年の冬は芝生以外は荒れ果てていたのに、九二年になると花が庭中に咲き、私たちが訪れた九五年の夏には小さな小屋もできて、次ページのように、アットホームでじつにいい雰囲気の庭となっています。

二人の感性がみごとに表現された、ほのぼのとしたこの庭で、私はさわやかな感動を味わいました。お客さまをするとなると、見栄を張ったり大騒ぎをしがちな私たちですが、花とお茶と風がごちそうの、庭でのもてなしにどれほど心が和んだことでしょう。

静けさに満ちた、幸せな昼下がりでした。

壁が隠れるほどみごとに生長したつるばら《ば》、Paul's Himalayan musk。

英国の庭を旅する

一流ガーデンデザイナーの多くが、口をそろえたように語るのは「実践と同じほど、さまざまな庭を見学することから、多くを学びました」。1985年から私は数多くの庭を訪れましたが、その中から特に勉強になった庭、心に残る庭など、そしてガーデン巡りに必携の案内書、『イエローブック』についてご紹介しましょう。

青空に輝く黄金色の花房の木は*Golden*《ゴールデン》 *chain*《チェーン》 *tree*《ツリー》（金鎖）。期待感を抱かせるアイフォード・マナーの入り口。

庭園めぐりはイエローブックを片手に

陽だまりでプリムローズが花を開き、人々が復活祭（イースター）の準備を始める頃、イギリスの園芸愛好家が心待ちにしている本があります。そのお目当てとは、『Gardens of England and Wales Open for Charity』という本で、毎年一回だけ二月に発売されます。この本にはイギリスとウエールズ中から選りすぐったプライベートガーデンを、最も美しい時期に訪問できるスケジュールが満載。ハンドバッグに入るA5サイズの本なのに、三五〇〇を超える庭の情報が詰っているとは驚いてしまいます。黄色い表紙のため、いつの頃からか人々は親しみを込めて、この本を〝イエローブック〟の愛称でよぶようになりました。

私の手元には一九八五年からの表紙がすりきれたイエローブックと、カウンティーリーフレット（地域だけの庭を紹介した小冊子）が数冊あります。どの本にも書き込みやアンダーラインが多く、土の跡がついたページもありますが、ガーデンめぐりのあの至福の時を回想させてくれる大切な大切な宝物です。

イエローブックは、ただのガイドブックではありません。タイトルにチャリティーとあるように、慈善活動の一環なのです。すなわち、掲載された庭のオーナーは一般公開する日を設け、その入場料とお茶や苗の売上金をNGS(The Nationalgardens Scheme Charitable Trust 全英庭園機構)に寄付します。NGSはその寄付金で、退職看護婦の養老施設や福利厚生、がん研究財団、ホスピス、ナショナルトラスト園芸家教育基金、園芸家慈善協会、園芸家の遺児支援基金など十数ヵ所を援助しているのです。しかも、王室の手厚い庇護と支援のもとに、近年は故エリザベス皇太后がパトロンでしたが、現在はチャールズ皇太子殿下が就任され、サンドリンガム城やフログモアのロイヤルガーデンも特別の恩典で一般に公開されています。さすが、園芸大国のイギリス。園芸を通して、庭造りをする人も観賞する人も、チャリティーの形で社会のために貢献できるとは、なんと素晴らしいシステムなのでしょう。

歴史をひもといてみると、NGSの母体となったのは一八八七年に設立された The Queen's Nursing Institute (女王陛下の看護協会) でした。これは長年働いても社会的な保障がなかった看護婦の老後のために年金を支給する基金で、フローレンス・ナ

上　クランボーン・マナーのハーブガーデンを囲む、小さな窓をつけたユーの生垣。黄色い花は*Clematis*《クレマチス》 *tangutica*《タングチカ》。
右　毎年２月に出版される庭園案内書。表紙が黄色なのでイエローブックの愛称でよばれ、約3500の庭を紹介。
下　ベス・チャトーのデザインによるヒンツルシャム・ホールのキッチンハーブガーデン。
左　15世紀に建てられたアイホーン・マナー・ハウスは、ヨーマン（郷土）の館。前庭のハーブガーデンは、中世の面影を残す単純なデザインだ。

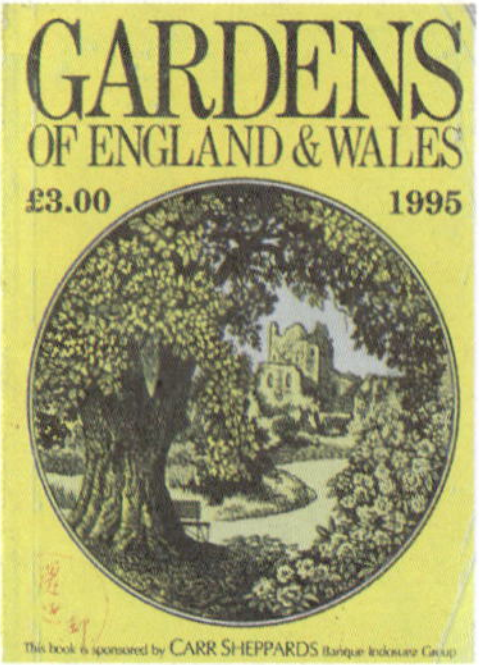

イチンゲールの助力で発足しました。ナイチンゲールは、クリミア戦争（一八五三〜五六）従軍の功労による表彰金と寄付金をもとに看護学校を創立し、社会衛生や看護制度の確立に尽力した偉大なイギリス女性です。初代のパトロンはヴィクトリア女王、二代目はアレクサンドラ王妃でしたが、一九二七年には協会のさらなる発展のためにNGS基金が創設されました。

ユニークな募金のアイディアを思いついたのは、ミス・エルジー・ウァックです。それは大義名分をガーデンオーナーに呼びかけて庭の公開を依頼し、入場料を募金のために寄付していただくのです。記念すべき第一回目は六〇九オーナーの賛同を得て、八二〇〇ポンドの寄付が集まったそうです。

以来二度の世界大戦があっても、NGSの灯火は絶えませんでした。その間に、自然や文化を守り園芸文化に貢献するというコンセプトが同じナショナルトラストや王立園芸協会と連携して活動を行い、今では三五〇〇以上の庭がイエローブックに掲載されるようになりました。

けれども、どんな庭でもいいというわけではありません。各地域には見識のあるカウンティーオーガナイザーという統括者が配置され、毎年秋には庭を訪れて審査を行うのです。審査の基準というのは四〇分眺めても飽きないこと。さらに、オーナーの人柄、庭の維持状態や見学者の受入体制などをチェックし、お茶とお菓子のサービスに至っては試食もするそうです。こうして厳しい審査をパスしたのですから、園芸愛好家にとってイエローブックに載るという事はたいへんな名誉で、ステイタスなのです。生涯の目標（ゴール）に挙げている人も多く、そのためにはガーデンショーを見学に行って勉強したり、評判のよい庭を訪ねてセンスを養ったり、努力を惜しみません。英国市民のガーデニングのレベルが高いのは、常に園芸をリードしてきたNGSに負うところが大といえましょう。

イエローブックは使う人の立場に立って、よく作られています。アルファベット順に州名も庭園名も整理され、各州の始めのページには日付順に特別公開の庭を紹介しています。ですから、旅行者がある州へ行った場合、滞在期間中に公開している庭をすぐに見つけることができるというわけです。また、各庭園の説明もシンボル記号を交えて、簡潔にまとめられています。たとえば、オーナーの氏名と住所、アクセス、庭の特徴と見どころ、駐車場、トイレの有無、犬の持ちこみ、車椅子の対応、公開日、入場料、茶菓接待、予約の有無などが容易にわかるのです。

ガーデンオープンの日は日曜日が多く、ばらの季節には見たい庭の公開日が重なりがちのため数年がかりで計画を立てる人もいます。公開日には家の前にガーデンオープンと書いた黄色い標識を立ててあるので、ドライブの途中でも立ち寄ることができます。入場料のほとんどは一・五ポンド程度で、自家製のマフィンやクッキー、紅茶なども同じぐらいの値段です。楽しいのは隣近所や親戚の人まで接待の手伝いに集まったり、見学者同士やオーナーと花談義に花が咲いたり、庭が一種の社交場になることとです。

庭といっても丘あり谷ありの広大なお城の庭園もあれば、小さくても（イギリスにしてはという意味で、日本と比較したらかなり大きい）数々の見どころのある庭もあって、一・五ポンドでは申し訳ない値段です。

こんな体験をしたことがあります。コッツウォルズのブロードウェイを散策していると、おしゃれな門扉の前でガーデンオープンの黄色い標識を目にしました。晩御飯までの三時間をガーデン拝見で過ごすことに決め、入場料を払うと掌にスタンプが押されました。これを見せれば隣接している六軒の庭もフリーパスなのだそうです。まぁうれしい！　三〇分ずつ見れば六軒で三時間、と単純計算をしたのが大間違い。最初の家の敷地が、何と二〇〇〇坪ぐらいはあったでしょうか。流れるような色彩のボーダーに手の込んだパルテール、花盛りのローズガーデン、おしゃれなキッチンガーデン、野原を残したワイルドガーデン、きれいに刈り込んだトピアリーガーデンもあって、お茶も飲まなかったのにあっという間に三時間が経過……。今度は時間をたっぷりとって拝見を、とつくづく思ったことでした。

このイエローブックは、必ずベストセラーの上位を占めることで話題になります。イギリスでは一家に一冊はあるといわれ、遠出をするときには必ず持参するとのこと。ロンドン市内でも約二〇〇の庭が公開されていますので、旅の途中でちょっと暇ができたらぜひ見学をおすすめします。観光地とは違う旅の思い出が、きっと増えることでしょう。

それにしても、庭を見せる側も見せてもらう側も結果として慈善活動に協力できるNGSは、互いに園芸を愛する心を結びつけた素晴らしい組織で、イングリッシュガーデンの発展と向上に果たした功績は計り知れないものがあります。

イエローブックの説明文には、「何か私に協力できることは?」という質問に対し、「どうぞもっと庭を訪ねてください。あなたに庭を見ていただくことが募金への協力になるのですから」という返答が記されています。

この中にこそ、NGSの理念が集約されているように思われてなりません。

マナーハウス

アイフォード・マナー

「近くにみごとなイタリア式庭園があるんだ」

「English《イングリッシュ》 Heritage《ヘリテージ》（英国遺産）の第一級に位置づけられているほど、それはそれはロマンティックよ」

トニーとジェーンたちとパブで昼食を楽しんでいたとき、ぜひとも訪ねてみたい庭の話が出ました。ここバースから八キロほどの距離とか。牧場の畦《あぜ》や切通しの道を車を走らせてたどり着いたのは、フロム川に沿った緑豊かな谷あいです。

川を見下ろす急な斜面を背景にした、アイフォード・マナー（Iford Manor）は、なんとプロポーションの美しい館でしょう。この斜面を活かして造成した庭は、テラスと呼ぶ平場を上下に設け、階段や石畳で連続させたレイアウトです。敷地内にはイタリアをしのばせる時代ものの列柱や廻廊、パティオ、円柱に小さな僧院、池などが配置され、さらに地中海沿岸地方のアンティークな美術品の数々も、異国風の雰囲気を盛り上げています。

普通、これだけの石の構築物があったら、威圧感を覚えたり、装飾過剰になりがちなのに、この庭はなぜこれほど洗練されているのでしょうか。

レディング大学で造園学を教えているトニーの解説によると、一八九九年に持ち主となったハロルド・ピート（Harold Peto）は、建築家であり、造園家でもありました。この両方の才能が発揮されて、このように調和のとれた庭ができたのだそうです。

特にピートの石づかい《ストーンワーク》は巧みで、エドウイン・ラチエンスにも影響を与えたといわれ、構築物のかたさを植物によって和らげるというアイディアを実践しています。この技法は、入り口の階段のほか、庭園内の各所に見られます。

水平の線が重なる石段と、垂直の石柱の組合せには、こぼれるように咲く薄紫色のイタリアぎきょうを配してかたさを消し、優雅なムードを漂わせています。また、斜面に植えた天を指す糸杉のシルエットや、ユー（西洋いちい）、ボックス（西洋つげ）などの常緑樹の扱いも、イタリアをイメージさせるのに効果的です。

五世紀までこのあたりはローマ帝国によって支配され、ローマ領ブリタニアと呼ばれていました。ローマ人たちはイタリア風の神殿や大浴場をバースに造り、庭園もおそらく故郷のスタイルだったと思われます。

そして一九世紀、この地を求めたピートがイタリアをテーマに選んだのは、こうした歴史的背景が根底にあったのではないでしょうか。

現在のオーナーのヒグネット夫妻から、野外コンサートのお誘いを受けました。

クロイスター（Cloister）と呼ぶ小さな僧院を背景に、暮れなずむ庭に響く中世を思わせる楽器の音色が、静かに、深く、心にしみ込んできました。

アイホーン・マナー・ハウス

忘れられない庭といえば、この、一五世紀に建ったヨーマン（**Yeoman**）の館のたたずまいです。

ヨーマンとは、英国の中産階級を形成した自由農民で、郷士ともいい、小さいながらも農地を所有していました。当時のつつましい暮らしを反映させた中庭は、中世の修道院に見られる、単純にして素朴なデザインで、暮しに即役立つハーブが植えられています。

ちょうど、昔からの洗濯に関する展示がされていて、日本ではサボン草とよばれる洗濯用ハーブのソープワート（*Soap wort*）が咲き乱れていました。

ケント州にこの館を訪ねたのは一九八六年ですが、その後、ハーブ協会の友人からの便りで、家が人手に渡ったことを知りました。

近くをユーロ鉄道が通るようになったうえ、庭を三〇年かけて修復した夫人が亡くなったことも大きな理由とか。持ち主が変わった庭では、今どんなハーブが咲いているのでしょうか。

上　書斎のかび臭さを消すためのMelilot《メリロット》。
下　灯をともすとポプリが香り出す寝室。

クランボーン・マナー

ドーセットの深い木立の中に立つこの館(Cranborne Manor)は、エリザベス一世とジエームス一世の宰相をつとめたロバート・セシル卿が手に入れたものでした。現在の当主は末裔に当たるソールズベリー侯爵の長男のクランボーン子爵ですが、広い敷地の隅々までよく手入れされており、気持ちのよい空間が次々と展開します。

一七世紀初頭にこの庭園のレイアウトをしたのは、プラントハンターとして外国へ植物採集に出かけたジョン・トラデスカントと、マウンテン・ジェニングスと聞きました。道理で、園内に珍しい古木が多いのも、うなずけます。

二〇世紀には拡張や改修を施し、広々としたりんごや西洋なしの果樹園、壁と生垣で囲んだホワイトガーデンにグリーンガーデン、ハーブガーデン、キッチンガーデンなどなど全部で一七の「見どころ」ができました。

特に気に入ったのは、ユー（西洋いちい）の生垣です。これだけならよく見かけますが、可愛い窓のついたなだらかな曲線の生垣は、絵葉書にしたいほどでした。

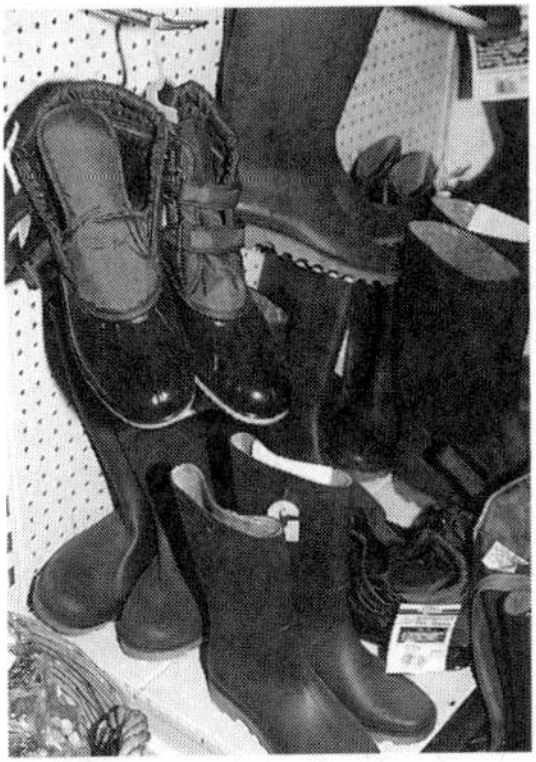

売場で人気のWillies《ウィリーズ》と呼ぶ長靴。伝統的な色もすてきだ。

ヒンツルシャム・ホール

貴族や荘園領主などの由緒ある館をマナーハウス（Manor house）といいます。別名カントリーハウス（Country house）と呼ぶように、その多くは田園地帯にあり、現在はホテルになっている例も少なくありません。

サフォーク州のヒンツルシャム・ホール（Hintlesham Hall）もその一つで、広大な敷地の中に建つ、エリザベス朝様式の館に宿泊することができます。夫と私は本館の特別室《スイートルーム》に通されましたが、会議やパーティもできる大広間に召使いの間、豪華な主寝室と浴室に、ただただ驚きでした。

このホテルは食事がおいしいことで知られ、専用のキッチンハーブガーデンを厨房の近くにもっています。ディナーの前に、ばら園から果樹園を抜けて散歩をしていると、夕映えの中でハーブを摘んでいるシェフの姿が目に入りました。料理に使うたびに、こうして新鮮なハーブを摘みにくるのだそうです。

三〇〇坪以上はありそうな長方形の香草園は、伝統的な模様のノットガーデンのパターンを踏まえていますが、どの株も元気に育っているせいか、ごくナチュラルな感じです。ここは一九七二年にオーナーとなった高名な食の著述家、ロベール・キャリエ（Robert Carrier）氏が、植物に詳しくセンスのよいことでは定評のある園芸家のベス・チャトー（Beth Chatto）夫人に、デザインを依頼したものです。

さて、ラベンダーやサントリナなどの耐寒性ハーブの縁取りを、わざと刈り込まないのはなぜでしょうか。

シェフの話では、北海に近いここサフォーク州は、夏でも冷涼な日があるので、バジルやチャービル、ディル、フレンチタラゴンなどを、縁取りの中に植えて、風や冷え込みから保護しているのだそうです。高温多湿の日本では、夏場の蒸れで苦労をするのに、なんという違いでしょう。しかし、北海道や高冷地では、このような植え方が適していると思いました。

一五世紀の古い館は、何度も改築と改修を重ね、昔の厩舎《きゅうしゃ》は洗練された内装の客室となり、ダイニングルームに面した庭も手入れが行き届いています。壁を伝うつるばらの古木も無数の花をつけ、夜の庭に濃厚な香りを漂わせていました。

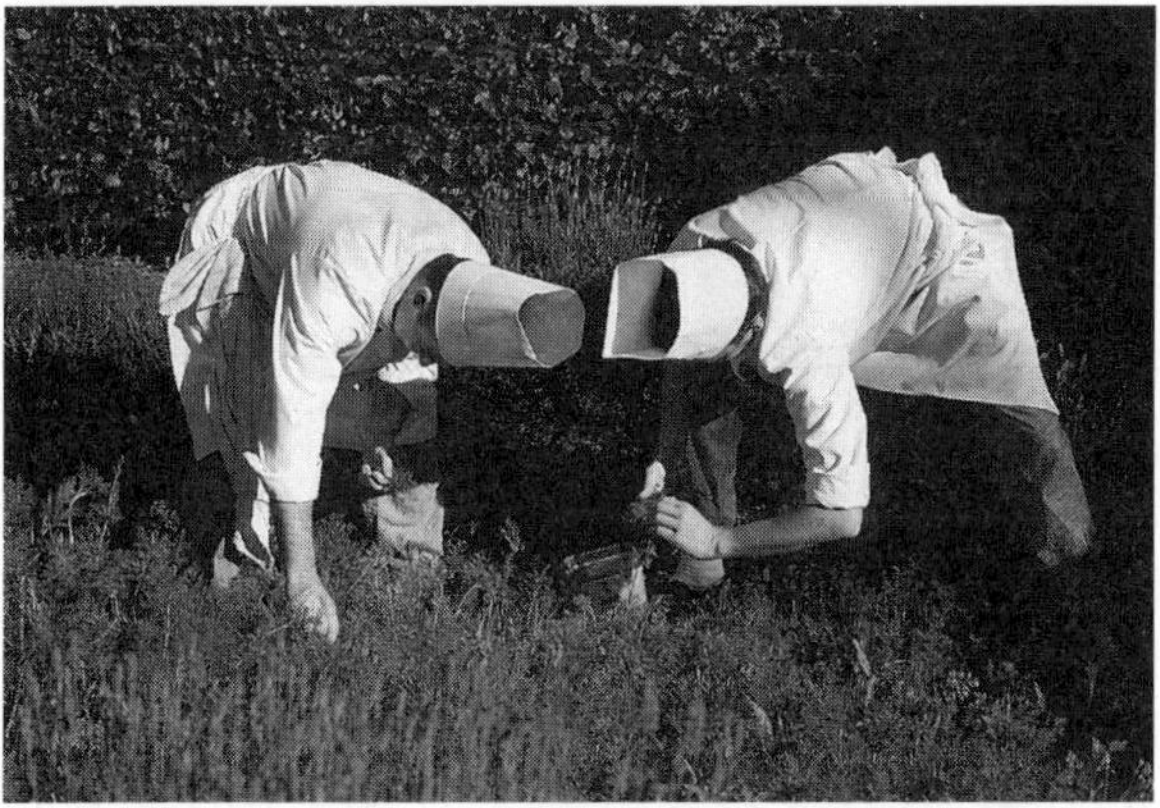

鮭のマリネ用にハーブガーデンでディルを摘むシェフ。

アメリカン・ミュージアム

アメリカン・ミュージアム（American Museum）は、ローマ時代の大浴場が残る保養地バースの近くにあります。ここには一七～一九世紀のアメリカの歴史と生活が展示され、当時の暮しぶりが手に取るようにわかります。何度か訪れましたがその度に、アーリーアメリカンのキルトのコレクション展示があったり、台所で当時のレシピで焼いたクッキーを振舞うなど、アットホームなイベントが行われていました。

何よりも心に残ったのは、館の前庭にある小さなハーブガーデンです。長方形に鍵穴のような通路をつけたシンプルなデザインで、最初にアメリカへ渡った移民たちが携えて行った約五〇種のハーブが植えてありました。病院も薬局も無かった「新世界」で、薬草としてのハーブが果たした役割は大きく、狩猟で得た糧の調味料や、日常の飲み物にもさぞかし役立ったことでしょう。

初代大統領ジョージ・ワシントンの庭も再現されていて、当時の暮しぶりやハーブの用い方をしのぶことができます。また、手作りによる幸せを招く香りの花束のタッジー・マッジーは、ここだけのもの。きっと旅のいい思い出になりますよ。

香りの花束のタッジー・マッジーを目当てに来る人も少なくない。

植物園

ロイヤル・ボタニック・ガーデンズ・キュー

「Kew」といえば、世界一の権威を誇る、一八世紀にできた王立植物園です。

テムズ川沿いのこの植物園は、約三〇〇エーカー（三六万坪余り）の敷地に約三万種の植物を集め、敷地内の研究所には、ジョセフ・バンクス卿（一七四三〜一八二〇）の命でプラントハンターたちが世界各国から集めた植物標本が、六〇〇〇万も納められています。

数字だけで想像すると、堅苦しい学術研究機関のようですが、花々に彩られた園内は、四季を通じての市民の憩いの場です。ロンドン中心部から車で約三〇分。地下鉄でも行けるので家族連れや恋人たち、お年寄りなどが散策を楽しんでいます。

広い園内にはヴィクトリア朝様式の大温室をはじめ、植物を分類ごとに植えたオーダーベッド、ローズガーデン、高山植物園、ウッドランド（林床庭園）のほか、さまざまなテーマの植栽や施設があり、植物好きの人には一日かけても時間が足りません。

なかでも特におすすめしたいのは、一七世紀に建てられたキューパレスに隣接した二つの庭園です。

一つは、パレスの後方に位置するイタリア風の整形式庭園《フォーマルガーデン》で、みごとに刈り込まれた縁取りの中に、パープルセイジやラベンダーが植え込まれています。

もう一つは、パレスの左手の、一七世紀ごろ用いられたハーブを約五〇〇種ほど集めた沈床式庭園《サンクンガーデン》。一七世紀の本草学者、ジエラードやパーキンソンの著書から引用した解説も簡潔で、雰囲気を損ねません。ロンドンで自由時間ができたら、ぜひ訪ねてください。

上　キューのシンボル的な「種まく人」像。
下　ケシ科の*Argemone platyceras*《アルゲモネ　プラティケラス》。

ウィズリー・ガーデン

「まあ、RHSの日本人メンバーですか。あなたも園芸が大好きなお仲間なのね。どうぞごゆっくり」

私が初めてウィズリー・ガーデン(Wisley Garden)を訪ねたのは、一九八五年の夏のことでした。日本支部ができる以前だったため、イギリス本部の会員になっていたのですが、まだ珍しかったのか、何人もの来園者から親切に声をかけていただいた記憶があります。

ウィズリー・ガーデンは、Royal Horticultural Society(王立園芸協会)、略してRHSが運営する二五〇エーカー(約三〇万坪)の大きな庭園です。しばしば双璧としてキューが植王立植物園があげられますが、キューが植物の学術研究を主眼にした政府の公的機関であるのに対して、RHSはエリザベス女王を総裁にいただき、園芸の啓蒙と普及、発展を目標に活動をすすめている、一八〇四年創立の趣味の団体です。

ロンドンの南西三五キロのサリー州にあるウィズリー・ガーデンは、会員だけでなく一般の人々にも公開され、一年を通して訪れる人が絶えません。園内に入ったら興奮して歩き出す前に、持ち時間を計算しながらじっくりと道順の計画を立てることが大切です。

見所は多岐にわたりますが、入り口を入って左手に曲がると、あっと驚くのは約一三〇メートルの長さのミックスドボーダーです。幅広い芝生の通路をはさんで、両側に奥行き五・五メートルの宿根草と灌木の花壇が、なだらかな丘の上まで続く景観には、ただため息ばかり。綿密に計算された色彩計画《カラースキム》とデザイン、念入りなメンテナンスの結晶に、だれもが足を止めています。

モデルガーデンは、障害者のための庭や、用途別に区分して植栽したハーブガーデン、手入れが簡単な庭、園芸熱で重症な人の庭などなど、テーマ性のある小さな庭を集めた見本園です。いずれも生活感があり、自分たちの暮らしに照らし合わせて、参考にできるせいか、メモをとる人が多いのもなるほどとうなずけます。

特に、障害者のための庭（The《ザ》 Garden《ガーデン》 for《フォー》 Disabled《ディセーブルド》 people《ピープル》）は、老齢者を含む、広範囲の障害者に対応できる庭として、一九九二年に改造され、車椅子の方や目の不自由な方たちも楽しげに利用しています。日本の公園にも、このようなコーナーがあったらどんなにいいでしょう。

　サマーガーデン（Summer Garden）は、ばらをメインにした芳香に満ちたコーナーで、オールドローズが多い整形式庭園に、新品種の圃場が続きます。Battlestone《バトルストン》と呼ばれる丘には、世界中の花木が植栽され、日本の屋久島しゃくなげやつばき、つつじなども景色にとけ込んでいます。この丘を越えると眼下に見えるのが、野菜や花卉類の試験栽培場。新品種をすべて生長の段階から公開して、耐病性や耐寒（暑）性、性質、形態などの特徴を調べ、園芸作物の評価をするのです。

　地中海沿岸の植物の庭、樹木園、果樹園、行き届いた管理の高山植物棟に、非耐寒性植物のコレクションがある温室、雄大な石組みの間に可憐な山野草の咲くロックガーデン、睡蓮が浮かぶ水の庭……。すばらしい庭が次々に展開しますが、私が好きなのは、自然の景観を残した林に野草がひっそりと咲くセブンエーカーズ（Seven acres）と、高温多湿な日本では生育困難なツツジ科の、エリカやカルーナなどを集めた、ヘザーガーデン（Heather Garden）です。お楽しみは、種子や苗、園芸用品が充実しているガーデンセンターと、園芸の参考書や小物がそろっている売店。キオスクでは果樹園で収穫したばかりの新鮮なベリー類やフルーツが入手できます。

　ウィズリー・ガーデンでは、すべての植物に学名の標識をつけて、庭づくりの模範を示しながら、会員に向けて数多くのイベントや講習会を行なって、園芸を普及させてきました。

　現在RHSの会員は三〇万人ですが、一九八七年にRHSJ（英国王立園芸協会日本支部）ができ、私も理事の一人です。入会資格は植物の好きな方なら誰でも会員になれ、日本支部の会員は三二〇〇人余りとなりました。特典は英国のメンバーと同様に、会員証を提示すればウィズリー・ガーデンをはじめ英国各地の指定植物園や関連ガーデンに無料で入園でき、本部から毎月『The Garden』という美しい写真と詳しい記事が満載の雑誌が航空便で届きます。英語が苦手でも大丈夫。一ヵ月後には日本語の抄訳や英国の園芸情報、洋書の紹介などをのせた『RHSJ』が事務局から配られます。また、RHS主催のフラワーショーへのツアーや、ウィズリーで採取した種子のリクエストによる配布なども恒例となりました。国内での活動は園芸の啓蒙と普及のために、毎年イギリスから専門の講師を招いて国際フォーラムを行なうほか、国内の花の旅や研修会などもあります。

　また、ガーデンクラブを東北、千葉、中京東海、関西に作り、勉強会を通じて会員相互の交流を図っています。キッチンガーデンクラブとワイルドプラントガーデンクラブの自主活動も盛んで、例会では苗や種子を交換するのも楽しみの一つです。

岩間から可憐な花が咲くスケールの大きいロックガーデン。

チェルシー・フィジック・ガーデン

ロンドンの高級住宅地で知られるチェルシー地区に、高いれんがの壁で囲まれた薬草園(Chelsea Physic Garden)があります。

オックスフォード植物園に次いで、英国で二番目に古く、一六七三年に薬種商組合によって創設されました。

当時は有用植物を求めて、多くのプラントハンターたちが危険をおかして荒海へ乗り出していった時代です。有用植物の中でも特に重要視されたのは、人々の命を救うフィジック(薬用)植物で、持ち帰った貴重な苗や種子はここで育てられ、学術研究に大いに寄与しました。

今も残る周囲をとり囲む壁は、寒さを防ぐと同時に、どろぼうから守るためでもあったのです。

四エーカー(約四八〇〇坪)の敷地には、植物の系統別に区分した植え床が並び、その数およそ五〇〇〇種。約四〇〇種のハーブも、薬用、料理用、香料用、染色用などの用途別に植えられています。

園内には年月を経た外来の樹木が緑の木陰をつくり、花の香りと小鳥のさえずりに包まれていると、大都会ロンドンの真ん中にいることを忘れてしまいそう……。

専門家による園内ツアーに参加したとき、こんな興味深い話を聞きました。現在、アメリカで商業栽培されているアップランド種の綿花は、一七三二年にここからジョージア州のプランテーション(農園)へ送った種子がルーツというのです。

このチェルシー薬草園は、世界の植物と

学者の交流の場であり、分岐点の役割も果たしてきたといえましょう。

一九八四年から一般公開されるようになりましたが、開園日や時間は確認してください。

地下鉄のスローンスクェア（Slone Square）で下車。途中の店や住宅地も洗練されていて、楽しみな道です。

心臓疾患に処方される、Woolly《ウーリー》 foxglove《フォックスグローブ》（毛ジギタリス）。

熱心に写生する医大生。

ナーセリーとポッタリー

ホーリントン・ナーセリー

ナーセリー（Nursery）とは、植木や苗などを育てて販売している農園のことです。ハンプシャーのホーリントン・ナーセリー（Hollington Nurseries）は、ハーブとハーブの庭に似合う古典的な植物を、約八〇〇種類も扱っており、苗のよさと同定の正確さで定評があります。

オーナーのサイモンとジュディスのホプキンソン夫妻は、一九七六年にこのナーセリーを開園しました。

「南フランスを訪れたときにマントンで見たハーブの種類の多さと、暮しに生きているハーブに感激してねぇ」と、動機を語ります。

壁に囲まれた一八世紀のキッチンガーデン跡は、一年中暖かいので、ハーブの生育に適し、どの苗も元気そのもの。

サイモン氏はハーブ協会の理事を務めた方で、外国原産の珍しいハーブの導入にも力を入れ、一九八九年には、夫妻で『HERBS』という本も出版しました。いわばハーブ界のリーダーなのに、二人ともじつにきさくで、来訪者の質問や相談に誠実に対応しています。

参考になるのは、庭の一角につくられた〝小さな庭シリーズ〟の見本園です。料理用ハーブガーデンや整形式の香りの庭、ホワイトガーデンなど、日本人にはありがたいサイズといえましょう。ちなみに、サイモン氏がデザインしたハーブの庭は、RHS主催のチェルシー・フラワーショーで、金賞を受賞しています。

ハーブだけの植栽だと、平面的で単調なデザインになってしまうため、数年前から、庭づくりに適した灌木やつる性植物、オールドローズなどもアイテムに加えました。クレマチスやハニーサックル、珍しい果樹にトピアリーなどがその例で、美しいサルビアの仲間も豊富です。けれども、なによりもすばらしいのは夫妻の仲のよさ。いつ訪れても笑顔できびきびと立ち働く二人の姿は、ここのシンボルのようです。

ホーリントン・ナーセリーでは、毎年六月に〝Salada days〟と銘打って、ジュディスがハーブを使った料理の講座を開いていま す。私が参加したときのメニューは盛りだくさんで、六〜七品はあったでしょうか。いずれも有機栽培による旬の野菜を用い、ハーブの風味で塩分を控えたヘルシーなおいしさです。

特に〝ロサ・ムンディ〟の花弁を浮かべたばらの香りのぜいたくな飲み物や、ポットマリーゴールドとチャイブの花を散らしたライスサラダ、ズッキーニのキッシュの味は格別でした。

今でも思い出すのは、「猫はただ今ダイエット中。食べ物は与えないでください」というはり紙です。

タイムの上でおなかを出してくつろいでいたあの猫ちゃんは、はたして減量に成功したでしょうか。

ウィッチフォード・ポッタリー

高価な宝石もブランド品もないけれど、私の自慢は、愛用している〃一生物の素焼き鉢〃です。

それは園芸愛好家のだれもが一目置いている Whichford Pottery 社のテラコッタで、数えてみたらいつの間にか三〇から五〇を超す数になりました。惚れ込んだのには、理由があります。ここの手作りの鉢には伝統に裏打ちされた気品とロマンがあり、霜にあたっても割れないしっかりした焼きなのです。なによりうれしいのは、植物が元気に育ち、ほかの鉢に植えた場合と比べると、草花が何倍も魅力的に見えるのが不思議でなりません。

一九九六年の晩春のある日、コッツウォルズのウィッチフォード村にある窯元を訪ねてみました。昔の小学校を思わせる木造二階建てのアトリエでは、若い男女が、わき目もふらずに働いていました。陶土をブレンドする人、ろくろをゆっくりと回しながら、土の塊から魔法のように大鉢を作り上げていく人……。みな、顔や服は泥まみれですが、瞳や表情がいきいきと輝いて、働く喜びがあふれています。

前日にチェルシーのフラワーショーの出展会場で、社長のジム・キーリング氏にお会いしました。評価の高い円熟した仕事ぶりから、かなり年配の方を想像していたのですが、意外にも四〇代で、しかも創業が一九八二年とのこと。わずか一四年の間に、世界一といわれる晴れの舞台で、このような広いスペースに展示ができるのは、まれにみる実績があるのでしょう。

この村にアトリエをもったのは、一種の過疎対策でもあったそうです。このあたりは就職先がないため、若い人たちが外へ出ていく傾向が強かったのですが、今や青年たちは熟練工に育ち、現在は二〇人を超すスタッフが働いています。

見慣れてくると Whichford Pottery の鉢は、デザインのよさですぐわかります。ハンプトンコート宮殿やマナーハウス、ロンドン市内の高級ホテルを飾る古典的な大鉢から、編み目模様で飾ったノスタルジックな花かご模様の鉢まで、すべてキーリング氏のオリジナルデザインです。由緒ある旧家や貴族の館などからの特注も、続々と来ていると聞きました。

短期間でここまでの業績をあげたのは、氏がケンブリッジ大学で歴史学と考古学を学んだことと、芸術性、そして人柄のよさに負うところが大きいのではないでしょうか。歴史的な美術品や、名家の紋章の中からモチーフを探し出し、現代の暮しにマッチした鉢を創り出す才能は、だれにでもできるものではありません。

陶芸家の奥さまの作品も展示してあり、求めることができますが、住居の前庭のプライベートガーデンを見せていただいたときは、感激でした。まさに芸術家が楽しみながらつくった庭なのです。

アトリエの前庭にはディスプレイを兼ねた寄植えや、さまざまな素焼き鉢がずらり。左手奥にある Second のコーナーはB級品が山積みで超安値。「あぁ、持ち帰れるものなら！」と心残りでなりませんでした。

今でこそウィッチフォードの製品は日本でも園芸店に並ぶようになりましたが、高価なせいもあってか十数年ほど前はどこにも売っていませんでした。その頃、『The Garden』で見たリリーポットとクレマチスポットが頭に張りついてしまい、どうしても我慢ができません。とうとうファックスで注文してしまいました。そしてある日、頑丈な木箱が英国から空を飛んできたのです。大型犬の犬小屋ぐらいはありそうな箱をバールでやっとこじ開け、山のような梱包材の中から植木鉢が顔を出した時の感激は、今でも忘れられません。もうひとつ忘れられないのが、送料の高額な請求書！　今やあの植木鉢は苔がついて、風格が出てきました。さすが、「植木鉢のロールスロイス」といわれるだけのことはあります。

ジム・キーリング氏のプライベートガーデン。雄鶏をフォーカルポイントに。

ヒリヤーズ・ナーセリー

ハンプシャーにあるこのナーセリーを訪ねるときは、まず、入り口の左側にあるアーボリータム（arboretum＝樹木園）の見学から始めましょう。ここは、園芸愛好家必携の有名な樹木事典、『Hilliers《ヒリヤーズ》 Manual《マニュアル》 of《オブ》 Tree《ツリー》 and《アンド》 Shrub《シュラブ》』を著わした、ヒリヤー卿が誇る樹木園（Sir Harold Hillier Arbovetum）です。年月をかけて一六〇エーカーの敷地に集めた耐寒性樹木の数は、約一万種。造園や園芸を学ぶ者にとって、学名つきでブロック別に植えられている園内は巡礼の地です。ここは研修制度もあり、「ヒリヤーで研修した」といえば、世界の造園業界でも鼻の高い経歴と聞きました。そのぐらいに権威のある有名な樹木園なのに、四季を通じて芽出しや花、紅葉、樹形の美しさを自然の中で味わえ、*Quercus*《ケルクス》（コナラ属）や*Carnus*《カルナス》（ミズキ属）などを含めた、九種のナショナルコレクションもみごとです。同じ敷地内にあるナーセリーには、園芸用具から参考書、ビデオ類、草花や野菜の種子に苗木類が充実しており、特に苗木の品種の多さには目をみはります。たとえばカリフォルニアライラックと呼ぶ*Ceanothus*《ケアノサス》属の、青い花が咲く花木だけでも十数品種！　見るだけでもうれしくなる店です。

苗や植木のほかに本格的な
園芸用品もずらりと。

ザ・ハーブ・ファーム

普通、ハーブや野菜のナーセリーといえば、風や寒さを防ぐために石やれんがなどの壁で囲われています。けれども、ロンドンから約六〇キロの Sonning《ソニング》 Common《コモン》にあるこの「ハーブ農場」は、広々とした場所にあり、二〇〇種近いハーブが強い香りを漂わせていました。なかでも力を入れて品種を多くそろえていたのは、需要が多いバジル、マジョラム、ラベンダー、ミント、タイム、ローズマリーなどです。特にタイムは、ざっとあげただけでも、*Annie Hall*《アニーホール》に *Archer's*《アーチャーズ》 *Gold*《ゴールド》、*Azoricus*《アゾリクス》や *Basil*《バジル》、*Bressingham*《ブレッシンガム》、*Lemon*《レモン》 *card*《カード》、*Pink*《ピンク》 *chintz*《チンツ》、*Porlock*《ポロック》などなど、日本ではまだ珍しい品種が目白押し。ヒソップとサントリナを美しく刈り込んだ小さな整形式庭園や、王冠の形をした、アンティークな煙突に植え込んだ寄植えなど、趣向をこらしたハーブのモデルガーデンもセンスがよく、参考になります。園芸用品もすてきな品ぞろえで、植木鉢用に、あの古い煙突を買いたかったと、今でも残念です。

素朴な感じが郷愁を誘う、見本園の入り口。

ノーフォーク・ラベンダー

北海に近いノーフォーク州の Heacham《ヒーチャム》。この辺り一帯は一五〇エーカーに及ぶノーフォーク・ラベンダー社（Norfolk Lavender LTD）の農場で、七月初めから中旬にかけて、濃い紫色の花の海がどこまでも続きます。このころ訪ねると、コンバインで収穫してきたラベンダーを蒸留する光景が見られ、むせ返るような芳香に頭がくらくら……。ランドマークになっている Caley《ケイリー》 Mill《ミル》という建物は昔の水車小屋で、現在は社屋として使用していますが、全面に広がるラベンダー畑と蒸留工程の見学コースもあります。驚いたことに一メートル近い直径や四〇年近い寿命の株があるのは、気候風土がよほど適しているのでしょう。アフタヌーンティーが人気の Mill《ミル》 cottage《コテイジ》には、ラベンダーのナショナルコレクションがあり、数多くの品種を比較しながら覚えることができて、勉強になりました。

売店ではポプリやサシェ、エッセンシャルオイルなどのラベンダー製品も豊富です。ここでもうらやましく思ったのは、日本にまだ導入されていない品種の苗が多く、安価で売られていたことでした。

ラベンダーのナショナルコレクション。

ウォーターペリー・ガーデンズ

テムズ川沿いの広大な敷地をもつ、このガーデンセンター（Waterperry Gardens）には、じつによく手入れの行き届いている庭がいくつもあります。六〇〇メートルも続く宿根草花壇、石灰石を使ったロックガーデン、ロマンティックなばら園、チューダー朝様式のノットガーデンや横張り《エスパリエ》に仕立てた果樹の生け垣など、半日ぐらいでは時間が足りません。それもそのはず、ここは一九七一年までは女流園芸家のHavergal《ハーヴァーガル》女史が開いていた、ハーヴァーガル女子園芸専門学校でした。卒業生には有名な園芸家も多く、『The《ザ》 Healing《ヒーリング》 Garden《ガーデン》』の著者のSue《スー》 Minter《ミンター》も、その一人です。大木がそびえる敷地内には、一二世紀の古いマナーハウスや教会があり、壁に囲まれた昔の菜園が苗売り場になっています。珍しい苗木もそろっていて、ショップの、種子や園芸用品も欲しいものばかり。一八世紀に建てられた納屋は、美術工芸品のギャラリーに修復され、入り口近くのティーショップでは、有機栽培の野菜を使った昼食が人気でした。とても寒い日に訪れた私は、野菜スープとキドニーパイ、デザートにトライフルを注文しましたが、素朴で家庭的な味を、今でも思い出すことがあります。

園内は見所が点在。アーチの先へ誘う心憎い演出。

あれから、そして、これから

我が家の庭は、けさも霜柱が朝日を受けてきらきらと輝いています。

一年中でもっとも寒い二月のはずなのに、春を告げるしるしのスノウドロップが、南斜面の一画で白いイヤリングのような花を揺らし、プラムの樹の足元では紫やピンク、白などのニオイスミレが香り始めました。

わくわくするのは、ばらの芽が日ごとにふくらんでいることです。窓辺を縁取るつるばらのアルバティーヌ、エレガントな魅力のマダム・アルフレッド・キャリエール……。どのばらの枝にも花の季節を約束するしるしが無数についています。

きっと今年もばらの香りに満ちた美しい初夏がめぐってくることでしょう。


ばらで思い出すのは、訪れる度に感銘を受けたイギリスの庭、お会いした緑の指を持つ園芸家の人々、そしてガーデニングブームで変った日本の庭のことです。

この本は一二年かけて取材し、一九九七年に文化出版局から出版した同名の本を底本にしています。取材から一八年、初発表から五年が経過しましたが、振り返ってみるとこの間にずいぶんいろいろな変化が起きていることに気付きます。

取材準備を始めた約二〇年前は、ハーブに関しても英国庭園にしても国内の参考書はほとんどなく、イギリスやアメリカ版を取り寄せていました。

当時の旅行事情は観光地を結ぶ名所旧跡巡りのコースはあっても、プライベートガーデン巡りなどを企画する旅行社はありません。昨今知られるようになったチェルシーのフラワーショーでさえも、知る人は少なかったようです。ですから、ファックスもまだ無かった頃は、手紙を書いてアポイントメントを取ったり、ハーブ協会から紹介をしてもらったことが懐かしく思い出されます。また、最初の旅では国際免許を取って行ったのに、イギリスの田舎ではオートマチックのレンタカーがまだ普及していなかったのか、マニュアル車しかなくて困ったこともありました。

それから数年後、バブル景気の中で、夢のような庭がイギリス各地にあることをマスコミがさかんに報道するにつれて、イギリスの庭に対する関心が深まっていきます。

長い歴史のなかで伝統と文化を誇るイギリスは、日本人の憧れの国。四季おりおりに素晴らしい表情を見せるイングリッシュガーデンは、多くの人々の心をしっかりと捉えてしまいました。これがいわゆるガーデニング・ブームです。

興味深いことにこのブームは日本列島がバブル景気に浮かれていたときでなく、はじけたときから目に見えて盛んとなりました。景気が低迷するなかで、人々は家や高級車、別荘、海外旅行などへの大きな夢の代わりに、小さな夢の種子を大きく育てる喜びを知ったのでしょう。各地にガーデンセンターやおしゃれな花屋が増え、それまでは個人輸入でしか手に入らなかった品種物の苗や種子、ガーデングッズなどが、買いやすい値段で出まわるようになりました。また、これまでは土いじりや花の世話などは、年寄りや女子どものものとみる傾向がありましたが、最近は週末に若いカップルがコンテナの品定めをしたり、リタイア後らしきご夫婦が野菜の苗を選んだり、男性一人でも花屋で買い物をする姿が見られるようになっています。

ブームについては賛否両論がありますが、それまで園芸の楽しみを知らなかった人々の目がいきいきとした緑や花の優しさに向けられて、ときには慰められときには知的好奇心を刺激されて興味を持つようになっただけでも、有意義なことではないでしょうか。イギリスの庭に学ぶことは多く、一般の園芸愛好家はもちろん、造園の技術や資材の知識、開発などの分野でも関連業者にとってよい勉強のチャンスだったと思います。

ありがたいことに花の庭のご縁で、この本に登場した方々とのお付き合いも長くなってきました。

オールドローズを愛するピーター・ビールズ氏とは、一九九九年に日本で再会をしました。所沢の西武球場で開催された「第一回国際ばらとガーデニング・ショー」の審査で来日されたのですが、私がデザインと制作をしたエントランスプロムナードをたいへん気に入ってくださいました。それは入場門から会場中ほどまでの広い通路を挟んで左右に配置した大きな庭で、右側にアンチューサやシノグロッサムなどの青い花が下草に咲くイングリッシュローズ・ガーデンを、左側には廃墟となった古城に今もなおひっそりと咲き続けるオールドローズの園を作りこみました。

精鋭メンバーのチームと三日続きの徹夜で完成したばらの園でしたが、岐阜のばら園「ローズ・オブ・ローゼズ」が丹精こめて育てた数々のばらに囲まれて仕事をしていると、香りで元気付けられるせいか、不思議なことに疲れを知りません。おかげさまで多くの方に喜んでいただけたうえに、さらに嬉しいことがありました。「来年はぜひセイコとコラボレイト（共同制作）をしたい」というオファーがビールズ氏からあったのです。ばらの個性をよく理解して物語性のある庭に仕上げたのがよかったとのこと。ビールズ氏のノスタルジックな思い入れのある展示を、チェルシーのフラワーショーで見ていたことと、イギリスの庭巡りを通して養われた感性が役だったのでしょう。

二〇〇〇年の第二回のガーデニング・ショーでは、ビールズ氏と中央のシンボルガーデンを担当しました。前もってイメージのデッサンやトレリスの構造などの資料は届きましたが、あとはセイコにおまかせ、です。責任の重大さに武者震いしながらも、ビールズ氏の喜ぶ顔を見たくて私とチームは制作に励みました。

シンボルガーデンは、広い円形のスペースです。周囲をつるばらが這い登る高いトレリスで囲み、その中に水辺の花が咲き乱れる小さな池をあしらったデザインにしました。搬入前夜は大田市場で四トントラックに満杯の草花を仕入れ、さぁ、スタート！　三日目にようやくできあがったローズガーデンは、前からそこに植えられていたかのように自然な感じに仕上がりました。入場者はばらで囲まれた空間に入り、園路を散策するうちに馥郁《ふくいく》たる香りに包まれ、とても幸せそうな表情でシンボルガーデンから出てきます。

ビールズ氏は今回も私なりの解釈と表現を気に入ってくださいました。特にばらの色使いに心が和むやさしさが感じられ、羊歯《しだ》の茂った水辺にプリムラと忘れな草をあしらった自然風な池が、野ばらなどの原種のばらを集めたエリアとよくマッチしていたと満足そうな表情です。私がどれほどほっとしたかをご想像ください。

打ち合わせに来日した際に岐阜まで新幹線で案内をしましたが、静岡を通過中に美しく刈り込んだお茶畑を見て、「素晴らしいトピアリーだ!」と夢中になってシャッターを切っていた姿が、昨日のように思い出されてなりません。

第三回目の同ショーでは、ハイライトともいえるウェルカムゲイトを兼ねた大きなイングリッシュガーデンが私に任されました。パーゴラを挟んで正面に当たる前庭をオールドローズとラベンダーが香る整形式庭園に、裏庭を野の花とつるばらを組みあわせたコテイジガーデンに想定し、デザインから制作までを行ったのですが、お陰様でたくさんの方に喜んで頂けて、徹夜続きの疲れも吹き飛んでしまいました。今回も時間をかけて英国の庭から得た感性と知識、実際に栽培をしてきた長年の経験が、大いに役に立ったと実感しています。

知り合った方たちの活躍を知ることは、わがことのように嬉しいものです。

ハドスペン・ハウスのサンドラは夫のノーリと、花の色をスペクトルに置き換えた美しい本を出版しました。庭はますます輝いてサンドラは今やスターです。

「ザ・マナー」のロザモンドは、ジェークルの作品だった庭の修復を見事にやってのけ、『Gertrude Jekyll's Lost Garden』という立派な本にまとめあげました。彼女の努力に満ちた業績は、万人の認めるところで、まさにガートルード・ジェークル研究家の肩書きがよく似合います。

フキノトウの季節になると、元ハーブ協会会長のデニが来日したおりに、ワサビやノビルなどを集めて和風ハーブ撮影の助手をしたことが思い出されます。二〇〇〇年にアメリカのメリーランド州ボルチモアで開催された、アメリカハーブ協会の年次総会でも一緒になり小旅行をしましたが、撮影の度に時間を忘れ、二人とも遅刻の常習犯?としてひんしゅくを買ったかもしれません。

悲しいことに、バーンズリー・ハウスのローズマリー・ヴェアリー夫人が旅立たれました。二〇〇一年の初夏のことです。ちょうど私は宮城県にあるやくらいガーデンにいたときで、ロンドンの友人から訃報のファックスが届き、強いショックを受けました。奇しくも私がプロデュースしたこのイングリッシュガーデンに、シーズン最初の白いばらが咲いた日です。私はホテルの花瓶に白ばらのマダム・アーディーを挿して、イギリスの方角と思われる窓辺に置き、訪れる度にハーブやガーデンデザインについて、優しく教えてくださった夫人の冥福を祈りました。

ひとづてに聞いた話によると、バーンズリー・ハウスは長男が経営するホテルとなり、宿泊客にだけ庭を公開して、一般公開はもうしないとか。夫人亡き後の管理がどうぞ上手《うま》くいきますように、と願ってやみません。

さて、ハーブ研究家として活躍中のキャロラインが、五月に来日することになりました。今、一番気合いの入っているのは、彼女かもしれません。

『モネの庭』に続く二冊目の本の取材が目的ですが、英国王立園芸協会日本支部のためにも講演を快くひきうけてくれ、私とのパネルディスカッションも快諾してくれました。まさに持つべきものは友。講演が終わったら、私はキャロラインを京都と四国へ案内する予定です。

交流の話はまだまだ尽きません。それにしても、園芸を通じて海の向こうにも、たくさんの友だちができたのは、何と素敵なことでしょう。

この幸せを多くの人々と、分かち合いたいと思います。

ニオイスミレの咲いた朝に

二〇〇三年二月

広田靚子

Hintlesham Hall (p.184)
Suffolk IP8 3NS
Hollington Nurseries (p.194)
Woolton Hill Newbury Berkshire RG15 9XT Tel 0635-253908
Iford Manor (p.180)
Iford Bradford-on-Avon Wiltshire BA15 2BA Tel 01225-863146
Norfolk Lavender LTD (p.201)
Caley Mill Heacham Norfolk PE31 7JE Tel 0485-339254
Peter Beales Roses (p.14)
London Road Attleborough Norfolk NR17 1AY Tel 01953-454707
Royal Botanic Gardens, Kew (p.187)
Richmond Surry TW9 3AB Tel 0181-940-1171
Sir Harold Hillier Arboretum (p.199)
Jermyns Lane Ampfield Nr. Romsey Hampshire SQ51 0QA Tel 01794-368787
Sissinghurst Castle Garden (p.60)
Nr. Granbrook Kent TN17 2AB Tel 01580-712850
Sticky Wicket (Peter & Pam Lewis p.114)
Buckland Newton Dorchester Dorset DT2 7BY
Tintinhull House Garden (p.101)
Nr. Yeovil Somerset BA22 9PZ Tel 01935-822545
The Manor (p.72)
Upton Grey Hampshire RG25 2RP Tel 0256-862827
The Royal Horticultural Society's Garden Wisley (p.188)
Woking Surry GU23 6QB Tel 01483-2242341
Waterperry Gardens (p.202)
Nr. Wheatley Oxfordshire OX33 1JZ Tel 02844-339254
Whichford Pottery (p.196)
Whichford Nr. Shipston-on-stour Warwickshire CV36 5PG Tel 01608-684416
RHSJ (英国王立園芸協会日本支部) (p.191)
〒170-0038　東京都豊島区東池袋3-1-1　サンシャイン60 38F
Tel 03-3984-9690

Information

American Museum (p.186)
Claverton Manor Bath Somerset BA2 7BD Tel 01225-460503
Barnsley House (p.89)
The close Barnsley Nr. Cirencester Gloucestershire GL7 5EE Tel 01285-740281
Broughton Castle (p.45)
Broughton, Banbury Oxfordshire OX15 5EP
Chelsea Physic Garden (p.192)
66 Royal Hospital Road London SW3 4HS Tel 0171-352-5646
Cranborne Manor Gardens (p.183)
Cranborne Wimborne Dorset Tel 01725-517248
East Lambrook Manor (p.83)
South Petherton Somerset TA13 5HL Tel 01460-240328
Gothic House (Andrew Lawson p.148)
Church street Churlbury Oxfordshite OX73 3PP
Kiftsgate Court (p.57)
Chipping Camden Gloucestershire Tel 01386-43877
Mottisfont Abbey Gardens (p.17)
Mottisfont Romsey Hampshire SO51 0LP Tel 01794-341220
Munstead Wood (p.66)
Heath Lane Godalming Surrey GU7 1UN
Hadspen House (p.108)
Nr. Castel Cary Somerset TA15 6XP
Hatfield House (p.36)
Hatfield Hertfordshire AL9 5NQ Tel 01707-262823
Helmingham Hall Garden (p.42)
Helmingham Nr. Stownmarket Suffolk IP14 6EF
Hestercombe (p.80)
Cheddon Fitzpaine Nr. Taunton Somerset TA2 8LQ Tel 01386-43877
Hidcote Manor Garden (p.54)
Nr. Chipping Camden Gloucestershire GL55 6LR Tel 01386-438333

＊本書は一九九七年十二月文化出版局より刊行された。
文庫化するにあたり編成しなおし、大幅に加筆した。

|著者|広田靚子　1941年生まれ。学習院女子短大国文科卒。出版社勤務の後、鉄道写真家広田尚敬氏と結婚。わが国ハーブ研究のパイオニア。特に栽培と利用の研究に定評があり、ハーブ文化研究所を主宰。NHKテレビ「趣味の園芸」のレギュラー講師をつとめ、執筆、講演のかたわら各地公園のプランニングに参画、第一線で活躍を続ける。英国王立園芸協会日本支部理事、英国ハーブソサエティ永久会員、アメリカハーブ協会終身名誉会員。'88年フランスで菩提樹の騎士号を、'94年にアメリカハーブ協会より功績賞を授与される。著書には『広田靚子のハーブブック』(山と溪谷社)、『ハーブ・バラエティー』(朝日新聞社)、『ハーブと暮らし香りの花束』『ハーブの庭から』(講談社文庫)、『南仏プロヴァンスのハーブたち』『ハーブが香るコテイジガーデンの食卓から』(文化出版局)、『広田靚子のハーブ・アイテム33』『広田靚子のキッチンガーデン』(NHK出版)ほか。現在、高齢者や体の不自由な人々のための公園づくりに取り組み中である。

イギリス 花《はな》の庭《にわ》

広田靚子《ひろたせいこ》

講談社文庫

定価はカバーに
表示してあります

2003年4月15日第1刷発行

発行者——野間佐和子
発行所——株式会社 講談社
東京都文京区音羽2-12-21　〒112-8001
電話 出版部 (03) 5395-3510
販売部 (03) 5395-5817
業務部 (03) 5395-3615

デザイン—菊地信義
製版——共同印刷株式会社
印刷——共同印刷株式会社
製本——加藤製本株式会社

Printed in Japan

落丁本・乱丁本は購入書店名を明記のうえ、小社書籍業務部あてにお送りください。送料は小社負担にてお取替えします。なお、この本の内容についてのお問い合わせは文庫出版部あてにお願いいたします。

ISBN4-06-273729-9

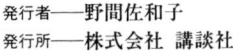

講談社文庫刊行の辞

二十一世紀の到来を目睫に望みながら、われわれはいま、人類史上かつて例を見ない巨大な転換期をむかえようとしている。

世界も、日本も、激動の予兆に対する期待とおののきを内に蔵して、未知の時代に歩み入ろうとしている。このときにあたり、創業の人野間清治の「ナショナル・エデュケイター」への志を現代に甦らせようと意図して、われわれはここに古今の文芸作品はいうまでもなく、ひろく人文・社会・自然の諸科学から東西の名著を網羅する、新しい綜合文庫の発刊を決意した。

激動の転換期はまた断絶の時代である。われわれは戦後二十五年間の出版文化のありかたへの深い反省をこめて、この断絶の時代にあえて人間的な持続を求めようとする。いたずらに浮薄な商業主義のあだ花を追い求めることなく、長期にわたって良書に生命をあたえようとつとめるところにしか、今後の出版文化の真の繁栄はあり得ないと信じるからである。

同時にわれわれはこの綜合文庫の刊行を通じて、人文・社会・自然の諸科学が、結局人間の学にほかならないことを立証しようと願っている。かつて知識とは、「汝自身を知る」ことにつきていた。現代社会の瑣末な情報の氾濫のなかから、力強い知識の源泉を掘り起し、技術文明のただなかに、生きた人間の姿を復活させること。それこそわれわれの切なる希求である。

われわれは権威に盲従せず、俗流に媚びることなく、渾然一体となって日本の「草の根」をかたちづくる若く新しい世代の人々に、心をこめてこの新しい綜合文庫をおくり届けたい。それは知識の泉であるとともに感受性のふるさとであり、もっとも有機的に組織され、社会に開かれた万人のための大学をめざしている。大方の支援と協力を衷心より切望してやまない。

一九七一年七月

野間省一